英语语言文学与文化理论研究

史小兰 著

西北工业大学出版社

西 安

【内容简介】 本书分七章，包括英语语言文化的发展研究、英语民族文化研究、英语语言文化多维度研究、英汉语中的“假朋友”、英语文学互译中的文化问题研究、不同英语文学形式分析研究和英语语言文化与外语教学研究等内容。

本书可作为英语语言文学方面用书，也可作为从事相关专业人员的参考书。

图书在版编目（CIP）数据

英语语言文学与文化理论研究 / 史小兰著. -- 西安: 西北工业大学出版社, 2020.2

ISBN 978-7-5612-6906-0

Ⅰ. ①英… Ⅱ. ①史… Ⅲ. ①英语－语言学－研究②英语文学－文学研究 Ⅳ. ①H31②I106

中国版本图书馆 CIP 数据核字(2020)第 024123 号

YINGYU YUYAN WENXUE YU WENHUA LILUN YANJIU

英语语言文学与文化理论研究

责任编辑：朱辰浩　　策划编辑：雷　鹏

责任校对：李阿盟　　装帧设计：吴志宇

出版发行：西北工业大学出版社

通信地址：西安市友谊西路 127 号　　邮编：710072

电　　话：（029）88491757　88493844

网　　址：www.nwpup.com

印 刷 者：北京市兴怀印刷厂

开　　本：710 mm×1 000 mm　　1/16

印　　张：12.75

字　　数：203 千字

版　　次：2021 年 1 月第 1 版　　2023 年 4 月第 2 次印刷

定　　价：68.00 元

如有印装问题请与出版社联系调换

前　言

随着我国改革开放的深入，有越来越多的国人走出国门，也有越来越多的外国人来到中国。这也增加了接触外国情况的机会。但要了解一个国家，通过一个国家的语言文化来了解一个国家可以说有举足轻重的地位。因此，作者撰写了这本书，希望能够给英语工作者和学习者提供借鉴与参考。

本书用深入浅出的文字对英语语言的特殊文化内涵进行明确、清晰的表述，既有对语言与文化之间关系的宏观分析，又有从民族文化心理、交际习惯等不同侧面对英语文化内涵的具体介绍，冒在帮助英语学习者树立跨语言、跨文化意识，有效提高学习效率。同时，在研究过程中，广大英语教师有目的地学习有关理论，结合实际，深化教学理论，极大地提高了教学能力，为英语教学质量的提高做出了巨大贡献。因此对进一步深入实践的读者们提供一些可供借鉴的资料，更好地提高水平。

本书共分为七章，第一章简单论述语言、文化以及英语语言文化的发展研究；第二章着重论述英语民族文化研究，包括英语民族文化的背景、思维模式和基本价值观；第三章论述英语语言文化多维度研究，包括英语姓名、称谓、地名、数字、成语、谚语、典故、俚语、委婉语、禁忌语等；第四章讲述英汉翻译中的“假朋友”和“真朋友”；第五章论述英汉互译中的文化问题，包括英语互译中文化意向与信息的传递以及英语互译中的文化差异及应对策略；第六章阐述不同英语文学形式，包括英语诗歌、戏剧等；第七章着重对英语语言文化与外语教学进行研究，包括大学英语教学中的文化导入，美国多元文化教育对大学英语教育的影响，以及大学英语跨文化教学中的问题与应对措施等。

本书在撰写的过程中，参考了众多专家学者的研究成果，在此表示诚挚的感谢。由于时间和经历的限制，本书可能会存在疏漏之处，恳请广大读者给予指正，以便使本书更加完善。

著　者

目　录

第一章　英语语言文化的发展研究

第一节　语言及语言文化

一、语言

(一) 语言的定义与特征

1. 语言的定义

语言是人们交流思想的媒介，它必然会对政治、经济和社会、科技，乃至文化本身产生影响。语言这种文化现象是不断发展的，其现今的空间分布，也是过去扩散、变化和发展的结果。根据语音、语法和词汇等方面特征的共同之处与起源关系，把世界上的语言分成语系，每个语系包括数量不等的语种。这些语系与语种在地域上都有一定的分布区，很多文化特征都与此有密切的关系。语言是指生物同类之间由于沟通需要而制定的具有统一编码解码标准的声音信号。

语言是人们记录、传递、保持经验的主要形式，语言对人的信息加工也有很大的影响。所谓信息加工就是对语言的信息加工，语言是人类区别于动物的主要标志。使用语言是人类所特有的高级认知能力。语言本身是一种社会现象，但是人们使用语言，包括理解别人的语言，这是人所特有的一种高级复杂的认知能力。

2. 语言的特征

(1) 任意性和线条性。所谓的任意性是指语言符号和文字能指和所指之间是一种任意的连接关系，这种关系是不可论证的，即使有的可以论证，但是在普遍意义上来讲，还是不可论证的关系。这就是世界上的语言为什么各式各样的原因。所谓的线条性是指语言的能指是依托声音来完成的，所以它只能在一维的声音的空间里传播，而不能突破声音的范围和能力，所以在分析语言的时候，语言能在横向上依照词语出现的先后顺序来完成，这也造就了语言使用和表达的局限，但是语言的声音性决定了语言的线条性是不可消除的必然结果。

(2) 稳定性性和变动性。语言是一个处在不断地运动变化发展之中的体系，这个体系中的各个要素既有一定的稳定性，也有一定的变动性，稳定性是语言系统已存在的前提，也是语言自身被大规模研习使用的必备条件，而变动性不仅仅是作为一个系统、语言内部的不断衍生、发展的规律所致而且也是语言的传承性的表现。任何事物都是不断地运动变化发展的，新事物不断地产生，旧事物不断地消亡。语言也是这样，语言系统的变化虽然不是很明显，速度并不是很快，但是受到使用的推动以及社会、文化等很多因素的影响，语言本身在不断地向着经济、简练、实用以及包容力、表现力强的趋势发展。

语言内部的各个组成部分都有着不同方式、不同形态的变化，而且变化的多少快慢也是不一样的，但是在以往的研究中，我们逐渐掌握了越来越多的规律来解释、预测语言的变化。这不但体现了人们对于语言学的关注、探索取得了很多的成就，同时也昭示了语言学的变动性还是有据可依、有律可循的。

(3) 符号性和系统性。语言是社会约定俗成的表达观念的符号，符号的本质是社会的。它在某种程度上要逃避社会上某一些小集体、小圈子的意识。这是语言最主要的特征。语言是一种社会契约，一个社会接受一种表达手段而排斥另一种表达手段其实都是社会上的集体意识的习惯。或者可以说，没有好坏之分，关键是使用哪一种表达方式。

语言符号是一种包含着两面性的实体：一方面语言是要表示事物的名称的，所以任何语言都是概念的映像，即具有所指性；另一方面语言要依托声音这种媒介来表达所指，所以语言也是声音的映像，也就是说语言具有能指性。

(4) 传承性和交际性。语言从某种意义上来看，是人类文化得以传承和储存的有效载体。因此，它在自身的发展当中，逐步体现出很强的传承性和交际性。所谓传承性，是指语言以自己的风格特色吸引或者促使人们在生活生产中自觉不自觉地通过语言这个工具直接或者间接影响着相关的人群，或者波及其他更广泛的区域，达到传承的效果。另外，语言在人类社会发展当中，不仅在人与人之间，古代人与现代人之间，中国人与外国人之间储存了文明的精华信息，承担文明发展的桥梁，同时，也由于语言本身的强大交际性功能，更显示出独特的交际功能，在丰富的交际中应对各种变化，产生了更加有表达力的语言，产生了更多的基于生活和生产实际的意义。

(二) 语言的结构与功能

1. 语言的结构

从内部结构的角度看，语言是一种符号系统，但其在信息量和结构、功能的复杂性方面远非其他符号系统，如莫尔斯电码、旗语、灯光交通信号等所能比及的，后者对语言来说是第二性的。语言系统是一个复杂的整体，由各个分支系统或层次，如音位层次、词汇层次、语法层次等组成。语言成分由各种关系加以联结，成分和关系互相联系、互相制约，构成井然有序的系统。作为符号的语言单位具有两个重要方面，一是表现方面，即语音；二是内容方面，即语义。在语言单位中，音和义的结合是约定俗成的，什么样的语音形式表达什么样的意义内容，什么样的意义内容用什么样的语音形式表现最初是任意的。世界上之所以有多达几千种语言，就是因为人类创造语言时在选择语音形式、表达意义内容方面的不一致，因而形成了不同的语言。

一种语言的内部结构是一种语言区别另一种语言的关键所在。不了解一种语言的内部结构，就无法辨认语言的语音或书写的符号，并从中获取语义。没有掌握英语内部结构的人难以辨别 26 个字母不同排列组合后所表现的意思，不懂汉语的人也只会把汉字当成是奇形怪状的线条组合。然而，理解了语言的内部结构的符号系统并不意味着完全掌握了语言符号的意义，即语义。语义的表达或理解，除了要了解和掌握一种语言的内部结构外，还要了解和掌握语言的外部结构，即文化结构。一种语言的文化结构是使用语言的人或民族的生活方式的总和，包括地理环境、寓言神话、民间传说、社会历史发展、宗教信仰、风俗习惯、价值观念、文学艺术和科学技术等。语言对物体或现象的指代是通过文化结构来实现的。生活在不同文化环境的人，对同一个语音或文字符号的理解是不同的。

2. 语言的功能

从功能的角度看，语言具有多方面的功能，这里择其要点概述如下。

(1) 语言首先是交际的工具，供人们用来传递和交流信息。有些高级动物，如猿猴，也使用区别性的有声信号来传递信息，但这些信号都是不可切分的整体，也不能组合和替换，滋生更多的信息。动物的信号同人类语言是无法比拟的。

(2) 语言是思维的工具，供人们用来形成和表达思想。语言是思想的直接显示。语言的基本单位也与思维的基本范畴相对应：词与概念相对应，句子与判断相对应。人们也可以用手势和动作等手段来表达一定的思想，但它们只能起辅助的作用，语言才是思想最完善、最有效的载体。

(3) 语言是积聚知识和信息的工具，它把人们思维活动和认识活动的成果用词和句子积聚并存储起来，保存和反映了前人全部的经验和智慧，而后人通过学习就能掌握前人积累下来的知识和信息。这些知识和信息正是特定民族(传统)文化的重要源泉。从这个意义上说，特定语言是特定文化的容器和载体。

(4) 语言是表达感情和影响别人的工具，它既传递信息，又是艺术表现的媒介。语言具有美学功能，它的创造性也正是通过艺术的媒介而得到充分的体现。

在上述功能中，交际功能是主导的。

俄裔美籍语言学家雅柯布逊把交际行为细分为六种，从而区分语言六种不同的功能：①从说话人的角度，语言具有表现功能，表示说话人对信息内容的关联、态度或对情境的直接反应；②从影响听话人的角度，具有指令功能，一般用呼语或命令口吻表示，以呼唤或祈使对方做出反应；③从上下文或情景出发，具有指称功能，即指称信息涉及的事物、需要传递和交流的内容和相应的事物及其特性、关系等；④从接触的角度，具有联系功能，意在保持或脱离接触，或者检查交际渠道是否畅通；⑤从代码的角度，有元语言的功能，如对某一事物的说明，这在儿童掌握语言和语言教学过程中常常发挥作用；⑥从信息的角度，具有诗歌功能，使语言具有更大的感染力，以满足人们的美学需要，在文艺作品中这一功能有很大作用，在日常生活中也有定的作用。

英国语言学家韩礼德则认为，语言有表达概念的功能、进行交际的功能和构成话语的功能，由此形成其功能语法体系中语言语义的三个功能部分：①概念部分，即及物性、语态、情态意义；②人际部分，即语气、情态、语调；③语篇部分，即主位结构、信息理论、接应。韩礼德认为语言之所以是语言，就是因为它必须提供某种功能。换句话说，社会对语言的要求促使语言形成了自身的结构。他从功能观点出发来描述语言的发展，其系统功能理论在学界产生了极为深远的影响。

二、文化

（一）文化的内涵

1．文化的界定

关于文化，迄今为止国内外众说纷纭，有诸多定义。由于研究的视角不同，我们无法对各种不同的定义做出明确的是非判断。

文化一词乃为学术界传统而又时髦的词汇，涉及文化的论著可谓汗牛充栋，以至于逼得维克多·埃尔竟然说道“企图或声称给文化概念确定范围是徒劳的”。然而，若使大学校园的文化解释框架愈发清晰、明确，尚需予以文化的一般考察，“因为尽管每个人都在种文化中诞生、生活和死亡，但很少有人真正意识到它的存在，所以我们打算进行这项艰难的事业，不仅想观察一下我们生活在其中的环境，也想在文化中观察我们的自身”。尽管本研究不侧重于文化自身内涵的开掘，却认为有必要校正文化这一概念的向度。因为文化作为地域及时间维度上得以延伸、交错的一个复杂整体，已存在着各自不同的关系网，所以不了解不同的文化解读就不可能准确把握文化这一概念的向度。

有学者曾指出，“关于文化的定义现在已有几千种。不同的国家、不同的年代、不同的学科、不同的人都有不同的说法”。围绕文化概念的讨论多见于西方的文化人类学著作，如被誉为西方人类学之父的英国文化人类学家爱德华·泰勒就“文化”这一概念曾做出堪称经典的界定，即“从广义的人种论的意义上说，文化或文明是一个复杂的整体，它包括知识、信仰、艺术、道德、法律、风俗以及作为社会成员的人所具有的其他一切能力和习惯”。爱德华·泰勒的贡献在于最早指出文化所包含的种种因素乃为复杂关系的一个整体。英国学者马凌诺斯基则从功能主义人类学视角度坦陈，“文化含有物质的和精神的两大主要成分——已改造的环境和已变更的人类有机体……真正能够传播与演化文化的真正要素乃是社会制度，即由一群能利用物质工具且固定生活于某一部分环境中的人们所推行的一套有组织的风俗及活动体系”。然而，解释人类学派创始人美国学者格尔兹却指出，“我所采纳的文化概念在本质上属于符号学的文化概念……人是悬挂在由他们自己编织的意义之网上的动物，我把文化看作这些网，因而认为文化的分析不是一种探索规律的实验科学，而是一种探索意义的阐释性科学”。

西方还有学者专门考察了文化概念的语境后认为“从有关文化的历史文献来看，与文化关联紧密的主要学科或门类大致有九个：哲学、文学和艺术、教育、历史、社会学、心理学、人类学、生态学和生物学。”因此文化的蕴涵与构成决定它不可能为任何一门学科所独有，任何一门学科都无法独自承担起文化概念的“统称”。因为西方有不少人类学及社会学方面的学者针对“文化”一词的确切含义仍然存有很大分歧，所以克罗伯和克拉克洪从100多位权威人士著作中归纳、分析了某种代表大多数学者所同意的基本要素后提出，“文化就是通过符号取得和传达的外露和内涵的行为方式，构成人类集团各不相同的成就，其中包括体现在创造物中的成就。文化的基础核心是传统观念，特别是依附于这些观念的价值标准。一方面可将文化系统看作是行动的产物，另一方面可将其视为采取进一步行动的条件因素”。据此可以认为现代有关文化的概念解读大体上倾向于将文化视为外在于个体且由不同文化成员所共有的一套思维理论系统——既可以是一套价值体系或意义体系，也可以是一套日常生活知识乃至人际交往规则。

中国学者围绕文化概念的解读往往不同于西方学者而颇具东方特色。梁漱溟突出了文化内涵中的生活意义，认为“所谓一家文化不过是一个民族生活的种种方面，总括起来不外三个方面：①精神生活方面，如宗教、哲学、科学、艺术等；②社会生活方面，我们对于周围的家族、朋友、社会、国家、世界之间的生活方法都属于社会生活方面，如社会组织、伦理习惯、政治制度及经济关系；③物质生活方面，如饮食、起居种种享用以及人类对于自然界的生存”。费孝通则强调文化的存在方式和存在机制，认为“文化是人类用以满足需要的人为工具……文化是社会创造出来使人类可以共同生活来满足个别需要的手段，文化是以社会力量来维持的生活方法”。贺麟却极力主张精神活动因素在文化中的作用，指出“所谓文化，乃是人文化，即为人类精神活动所影响、所支配、所产生的……精神化或精神文明，其特征乃是征服人类的精神，使人的精神心悦诚服”。鉴于文化概念的复杂性，若想一一予以定义既不现实又无必要。

前面由中外学者诠释的文化概念大多与本研究的切入点密切相关，这是因为研究的切入点不同，所诠释的文化概念就会有差异。从上面的文化概念分析可知，文化一般分为广义的和狭义两种：广义的文化是指从精神到物质、从思想到行动、从学科知识体系到日常生活方式且与人相关的所有因素；狭义的文化是指与人类精神及思想有关联且反映一定地域、一定民族观念体系的方方面面。其中广义的文化概念过于宽泛，而狭义的文化概念恰恰适于本研究，因为这一概念外延可以触及文化、教育、体育三者之间的联系，而这一概念内涵则能够深入理念或精神层面、制度层面和社会实践或器物层。

2. 文化的结构

文化作为整体存在的“超有机体”，它的内在本体就是文化结构。文化结构是对有机整体性文化的内存关系的抽象，它包括两方面含义：一是可以自己说明自己，二是可以形式化。文化结构决定了文化的性质与功能，中国文化之体决定中国文化之用，二者密不可分。文化结构有表层文化结构与深层文化结构。文化心理结构是最具模式化的心理反应，鲁迅研究中国的“国民性”就是着眼于病态的文化心理结构。

当然，一个民族的整体文化或一个具体的文化特质，都有其层次结构。文化层次有“三层次说”和“四层次说”。三层次说是把文化看作一个三层次同心圆，表层为物质层面，中层为制度层面，深层为心理层面。四层次说包括物质文化、社会关系、风俗习惯与艺术文化、精神文化。余英时教授说：“首先是物质层次，其次是制度层次，再其次是风俗习惯层次，最后是思想与价值层次。大体而言，物质的、有形的变迁较易，无形的、精神的变迁则甚难。”

3．文化的特征

通过对文化界定的综合分析，我们可以得出文化的特征。

(1) 学习性。人的行为可以分为本能的和学习的。那些作为社会文化部分的行为是经过后天的训练而学到的，这构成了人类行为的大部分。所有的动物都有一定的学习能力，这对于物种的生存是非常重要的。但对于人类，学习的行为远远超过本能的行为。

从某种意义上来讲，人类天生地不完善。一个人要成为社会中独立的一员，不仅需要一个长期的身体适应的时期，而且需要一个长期的学习如何思维和如何举动的训练时期，换句话说就是进行文化方面的训练。体质生态是人类行为的基础。一方面人类通过学习来满足自身的需要；另一方面我们的文化能力——说话的能力、抽象思维的能力、制订长远计划的能力等，则取决于因遗传而继承的体质特征，取决于复杂的大脑。但大多人类学家比较强调后天的文化学习对人的重要性，而先天的遗传仅是行为的基础。

(2) 发展性。文化就其本质而言是不断发展变化的。19 世纪的进化论人类学者认为，人类文化是由低级向高级、由简单到复杂不断进化的。从早期的茹毛饮血，到今天的文明生活，从早期的刀耕火种，到今天的自动化、信息化，这些都是文化发展的结果。没有文化的发展，人类至今还是猿猴的堂兄弟，也就没有现代社会和现代文明。以马林诺夫斯基为代表的功能学派认为，文化过程就是文化变迁。文化变迁是现存的社会秩序，包括组织、信仰、知识以及工具和消费者的目的，或多或少地发生改变的过程。总的来说，文化的稳定是相对的，变化发展是绝对的。

(3) 时代性。在人类发展的历史进程中，每一个时代都有自己典型的文化类型。例如，以生产力和科技水平为标志的石器时代的文化、青铜器时代的文化、铁器时代的文化、蒸汽机时代的文化、电力时代的文化和信息时代的文化。又比如，作为文化的有机组成部分，赋、诗、词、曲分别成为我国汉、唐、宋、元各朝最具代表性的文学样式。时代的更迭必然导致文化类型的变异，新的类型取代旧的类型。但这并不否定文化的继承性，也并不意味着作为完整体系的文化发展的断裂。相反，人类演进的每一个新时代，都必须继承前人优秀的文化成果，将其纳入自己的社会体系，同时又创造出新的文化类型，作为这个时代的标志性特征。

(4) 综合统一性。尽管人们对文化的概念难以取得一致意见，但对文化划分为物质、制度和精神文化的基本观点是认同的。任何一个文化系统中的子文化，都有它自身的一个完备文化体系，都是一个综合统一体。文化的要素和成分尽管是多种多样的，但它们不是简单的、孤立的要素和成分，不是杂乱无章地拼凑，相反，各要素和成分之间是相互整合而统一的。这种统一性常常通过共同的价值体系和行为模式表现出来。

(5) 政治、经济性。政治、经济、文化是一个国家最基本的存在形态。一定的政治、经济决定一定的文化，文化反作用于一定的政治、经济。人是文化的主体。在阶级社会中，人是分为不同阶级的。不同阶级(包括阶层)的人对文化有着不同的需求。不同时代的物质生产水平由此形成各种经济关系，并影响文化的生存和发展。同时，文化生存的优劣，对政治文明和经济发展具有很强的促进或促退作用，古今中外，概莫能外。开明的政治与文明的文化、发达的经济与先进的文化，专制的政治与专制的文化、落后的经济与落后的文化，都是相互依存和影响的客观存在。但是，文化的发展与经济的发展并不总是同步的。当今中国，把政治、经济、文化、社会管理、生态文明与党的建设“六大建设”并提，这是建设和谐社会、治国理政的英明抉择。

(6) 普遍存在的具体性。文化是一种人类活动，是人类所取得的一切成果的结晶。有了人类就有了历史，有了历史就有了文化。每一个社会、国家、民族，人们都生活在一定的文化系统中。这种文化系统还具有一定的规则性，能依靠法律、制度、习俗、思维方式、价值系统等来引导或约束社会成员的个体行为，使他们的情感、思想与行为都纳入群体的价值目标与轨道。

(7) 世代相传的连续性。人类文化随着物质生产和人口的生产与发展，具有历史连续性，是社会传承的结果，是超越个人而存在的。在文化的传承过程中，人们总是有批判、有选择地进行继承，并在继承中有所创新、有所发展，从而形成一定的文化传统。例如，中国文化五千年绵延不断，它独自萌发，慢慢形成，历久弥坚，从未中断，成为世界文化史上的奇迹。即使近代受到强势的西方资本主义文化的挑战，它也未丧失自己的特性。文化的继承与创新相统一，是文化连续性的保证。继承是文化连续之源，创新是文化发展之动力。文化体现了创造的意志力量，它与本能的生物学遗传或先天性行为方式是不同的。

(8) 民族性和世界性的辩证统一性。每个民族的文化都有着不同于其他民族文化的特点，这就是文化的民族性。任何形态的民族文化，都是适应本民族不同阶级阶层、职业、信仰和不同文化心理的人以及不同的社会环境和生产条件而形成、发展的。这一民族所共同具有的文化的历史渊源，承载着大体一致的文化积淀，从而形成本民族的文化特质并促进其发展，这是某一民族文化包容性的体现。一个多民族国家的文化，例如中华传统文化，便是包容了56个民族文化的特征，并由一种带有共同倾向的心理素质和文化特征，把各民族凝聚成一个整体。它是一种具有独特的中华民族性格和传统的文化形态。自然，在这个多民族的文化整体中，各个民族仍保持着那些具有自身传统和特色的文化因素，如本民族的语言文字、风俗习惯、宗教信仰等。所以说，文化的民族性是一种多元的文化形态。文化是民族的，也是世界的，是民族性和世界性的辩证统一体，这是文化包容性最为突出的标志。

在当今世界上，任何一种成熟的文化，都是属于全人类的，纯粹独立的民族文化是不存在的。文化通过各种传播媒介在世界各国之间相互传播，发生交流与冲突、选择与融合，并导致各民族文化的发展或迁移。即使在交通落后、信息闭塞的古代，世界各个民族之间的文化交流，也始终在通过各种渠道(如战争、经商、人员往来等)进行着。中国历史上佛教文化的传人、明朝以来的“西学东渐”就是明证。同时任何一个民族所创造的文化，只有既具民族特色，又能积极融入世界文化之林，并汲取人类一切文明成果，才具有生命力。只有在世界文化中占有一定的份额，才能成为文化大国。

综上所述，文化是指人类历史实践过程中所创造的物质财富和精神财富的总和，是指社会意识形态以及与之相适应的制度和组织机构，是一定时期社会政治和经济的反映。从广义上讲，文化泛指人类在社会历史进程中所创造的物质财富和精神财富的总和。从狭义上讲，则特指精神财富。

(二) 文化的成因

文化是如何产生的呢？这是个不易回答的问题。英国哲学家和数学家怀特海曾提出过一个很有意思的说法：自从人类出现在地球表面以后，曾历经过无数次的黄昏，直到有一天，有人对西天的晚霞喊出一声“啊”，人类文化从此产生。此说法给人以很大的想象空间，只是显得有些过于“诗意”了。

许多学者认为，地理环境对文化发展有决定性的作用。从古希腊的亚里士多德到法国启蒙思想家孟德斯鸠等均持此论。如孟德斯鸠在《论法的精神》中说：“热带民族和老人一样胆怯；寒带民族则像青年一样勇敢。”“热带民族的懒惰几乎总是使他们成为奴隶，寒带民族的勇敢则使他们保持自由。”亚洲之所以出现专制主义的大帝国，是因为那里有“较大的平原”；而西欧之所以有民主自由的传统，是因为那里“天然地区划分成了不大不小的国家”。近代美国地理学家亨廷顿尤其注重气候对文化产生的影响，他在20世纪初叶出版的《气候因素》《文明与气候》以及《文明的源头》等著作中指出，气候条件不良，太热、太干、太冷、太湿的地区如雨林地带、沙漠地带、北极圈等，很难有较先进的文化；适宜文化发展的气候，其温度应介于3.3摄氏度至17.7摄氏度之间，湿度平均在75%左右。另外英国历史哲学家汤因比在《历史的研究》一书中，结合世界上26种文明的兴衰史，提出逆境及“挑战与反应”的理论，认为环境或条件的艰难构成挑战，而成功的反应会创造文化，但挑战如过于严酷，则不易有成功的反应。地理环境论者从一个侧面揭示了文化产生的原因。

要真正揭示文化的起源，我们必须从人类自身的生存和发展中寻找原因。诚如英国哲学家罗素所言，自古以来人类不论其属于任何种族，均不时要面临三种对手：自然、他人和自己。为了应付自然的挑战，发展出物质的或技术的文化；

为了找出在群体中与他人的相处之道，乃有社群的文化，如各种典章制度；为了克服自己，乃有精神的或表意的文化，如音乐、美术、文学、宗教等。由此可见，文化是人类为适应环境并谋求生存发展所作的努力及其成果。这里的环境当然不只是地理(自然)环境，还包括社会(人文)环境。人类的生存发展需求逐渐由简单到复杂，由单一到多样化，在满足物质需求的同时，又产生出精神层面的更高需求。这就为人类文化的发展提供了动力。

三、语言的文化属性

人类文化的发展在很大程度上有赖于语言。语言是文化中最重要的因素，也是使文化得以世代相传的最基本的工具。不少人类学家认为，一种语言往往代表着一种文化，或者说语言是一个国家或地区社会文化的缩影，它是人们思想观念的“直接现实”。例如英语中描述工商业活动的词汇非常丰富，这说明英美等国工商业很发达。而在许多工业化程度很低的国家，工商业词汇就很贫乏。语言反映着一个民族丰富多彩的文化现象和特征，一个民族的生活方式、思维方式、世界观均体现在该民族所使用的语言中。

人们在交际时，语言中的文化因素与人们头脑中的文化意识相互作用，由此完成交际的任务。文化与语言的这种关系在中英两种文化和中英两种语言的对比中得到了充分的体现。我们知道，文化具有鲜明的民族性，中英两个民族的人们在风俗习惯、宗教信仰、思想观念、历史背景、事物的象征意义等方面的差异会导致语言方面的差异；而此种语言差异亦反映了中英两个民族的文化差异。

语言作为一种人们共享的符号系统，是文化的产物，是文化的重要成分，所以从文化角度看，语言承担着重要的文化功能。

（一）语言影响文化

1．语言是文化的基础

英语民族信奉基督教，《圣经》的内容几乎家喻户晓。《圣经》中的人物、典故、谚语经常被人们引用，许多文化内涵沉淀其中。而中国人深受道教、儒教、佛教的影响，因此，汉语中出现了与此相关的许多汉语。反映了语言承载着文化。

语言是思想的直接体现，特别是词汇最能敏感地反映生活和人类思想的变化。由于语言或词汇受文化的影响，所以用于表达的语言或词汇也必定深深打上了该文化的烙印，附带有其文化的含义或引申意义。正是借助语言，文化的各个组成部分——政治法律、教育、风俗习惯、宇宙观、艺术创造、思维方式等才得以薪火相传，代代不息。

2. 语言促进文化的发展

文化是语言发展的动力，反过来语言的丰富和发达是整个文化发达的前提。我们可以设想，如果没有语言记载我们祖先的知识和经验，后代人一切都要从头做起，社会就会停滞，更谈不上文化的发展。我们还可以设想，如果没有语言作为桥梁，各个民族之间就无法交流。人类就不可能相互吸收先进的知识和经验，这同时也会影响社会的发展和文化的进步。

（二）语言反映文化的差异

语言是文化的镜子，它直接反映文化的现实和内涵。一个文化的面貌可以在语言中得到体现。英国语言学家莱昂斯曾说过：“特定社会的语言是这个社会文化的组成部分，每一种语言在词语上的差异都会反映使用这种语言的社会的事物、习俗以及各种活动在文化方面的重要特征。”词汇是形式和意义的统一体，其意义主要有两大类：指示意义和引申意义。前者是指词汇的字面意义；后者是指词汇的隐含意义，也就是词语的文化内涵。前者较固定，后者则包括扩展意义或联想意义。语言词汇反映并受制于不同国家或民族的政治地理、价值观念、风俗习惯、文化心理和宗教信仰等因素。

1. 语言反映不同的生存环境

文化的形成脱离不了自然地理环境的影响，特定的地理环境造就了特定文化，特定文化反映在语言中形成特定的表达。例如，爱斯基摩语中描写雪的词汇有很多，爱斯基摩人用不同的名词来表示“地上的雪”“正在落的雪”“正在堆积的雪”

和“堆积的雪”等，这是因为他们居住在寒冷地带，不同形式的雪对他们的生活(旅行、狩猎、娱乐及其他活动)起着十分重要的作用。而英语中表述雪的词只有一个(snow)，阿拉伯国家的语言中根本没有雪这个词，因为那儿不下雪，人们对雪是陌生的。再如，英语习语“ sudden as April shower”的意思是“骤如四月阵雨，突如其来”。这在中国人听来一定会怀疑是七八月份的夏雨，而非四月份的春雨。这两种对于四月雨截然不同的认知，是由于两国地理位置的差异造成的。中国和英国分别位于东、西半球，中国大部分地区深居内陆，主要是温带大陆性气候，而英国是四面环海的岛国，主要是温带海洋性气候。这就形成了中国的七月阵雨和英国的四月阵雨。

2. 语言反映不同的风俗习惯

风俗习惯是一种社会文化现象，是社会群体经过长期的共同生活而共同创造、共同遵守的生活习惯和行为习惯。民间的风俗和习俗包括社会礼仪、习惯、生活方式、婚姻传统、信仰、迷信等。例如，英语习语“let ones hair down”意思是放松，来自英国早期的习俗：妇女不管在什么场合中，头发都得往上梳理整齐，只有单独一人时才能把头发放下来，所以“把头发放下来”意思是放松一下。

汉语中“礼尚往来”“先来后到”“人敬我一尺，我敬人一丈”等表现出中国人的处事态度和行为习惯。再如，中国传统文化崇尚人的社会性，认为人是社会中的一员，是群体中的一分子，人们在人际交往中应该互相关心、互相爱护、互相扶助。人们在见面、交往时常常会问：“你去哪？”“你在干什么呢？”等，以表示对别人的关心，而英国文化崇尚人的个性，强调自我意识，当被问到上述问题时，会觉得受到了冒犯，认为是干涉他们的“隐私”。

3. 语言反映不同的宗教文化

宗教是文化价值体系的内核，不同语言能够表现所在文化的宗教观念。汉语中与佛相关的表达很多，如立地成佛、借花献佛、佛口蛇心等，还有直接来自佛教的词语，如慧根、慧眼、慧心等。英语中很多表达方式则体现了基督教在英国社会生活中的重要性，如 for God’s sake(看在上帝的分上)，so help me God(我答应，我发誓)，please God(但愿)，by God(天啊!上帝啊！)等，反映出英美文化中，人们相信上帝创造世界、主宰世界并且主宰人类命运的宗教信仰。

4．语言反映不同的民族心理

语言是民族文化的载体，体现民族心理，如伦理道德观念、价值观念等。如汉语中“嫂子”译成英文是“sister-in-law”，但是这两个词的词义不完全对等。“嫂子”指哥哥的妻子，“ sister-in-law”表示兄或弟的妻子。从形态特征来看，“嫂”的字源为“叟”，意思是长者，可见“嫂”字体现了中国人家庭伦理观中严格区分长幼尊卑、长兄为父、长嫂为母的等级制度。英语中的“sister-in-law”意思是“从法律角度来讲是姐妹”，体现了英语文化从法律角度看待婚姻亲属关系的民族心理。词汇中褒义词汇和贬义词汇也反映了该文化的民族心理。在英汉语言中，有些动物的象征意义截然不同。有些在中国人眼中很普通的动物，甚至令人厌恶的动物，对于西方人来说却是心爱的伙伴，甚至是神圣的生灵，反之亦然。例如，英语中的“dog”与汉语中的“狗”尽管它们的概念意义是相同的，但国俗语义却不一样。在汉语词汇中，由“狗”组成的词语大多含贬义，例如：走狗、狗腿子、丧家之犬、狗仗人势、狗急跳墙、狼心狗肺、狐朋狗友等。而英语中 dog 一词的中性用法很多，它常被用来泛指“人”，例如：a clever dog(聪明的人)，a lucky dog(幸运儿)，an old dog(年事已高的人或经验丰富的人)， to help a lame dog over a stile(助人于危难)等。

综上所述，语言是文化的组成部分，语言记载文化、传承文化、反映文化，二者密切相关，相辅相成。语言是人类社会进行交际的重要工具，同时也是文化重要而突出的组成部分。不同民族的语言既受到本民族社会文化的制约，又反映各自特定的文化内容。如果某一民族的人们不了解某一特定民族的文化因素，则不可能进行有效与顺利的交际。

反之，文化影响语言的结构和含义，文化的动态特征导致语法和词汇意义的变化。随着社会的发展，时代的变迁，白话文运动、汉语拼音方案、简化字、标准普通话等运动使汉语发生了巨大的变化。新事物、新思潮的出现，外来文化的影响也使很多词汇的意义发生巨大变化。比如汉语中“小姐”这个词，在中国古代封建社会中体人用它来称呼主人家的女儿，新中国成立前常用作对未婚女性的称呼。新中国成立后至改革开放前，它变成了一个休眠词，而在21世纪的中国社会，在很多情况下这个词变成了中国女性不喜欢的称呼。这个词语逐步转变为带有贬义色彩的词语，这中间起根本作用的就是社会文化因素。不管是在汉语还是在英语中，这样的例子俯拾皆是，不胜枚举。英语中很多词汇随着时代的变迁也赋予了新的意义。例如：“Happening”旧用法指一次事件，新用法指“哈普宁艺术”(一种使观众意外、惊奇和投入的舞台或其他形式的演出)；“bug”原指虫子，现在的意思是“硬件或者软件中的漏洞(缺点)”“ memory”原指记忆，现在的意思是“内存”；“hit”原指“打击”，现在的意思是“点击(进入某个网站)”等。英语中描写新文化现象、文化潮流、时代特征的词汇也很多，如 hippy 嬉皮士，yuppie 雅皮士，watergate 水门事件，后泛指政治丑闻。文化创造了这些词汇，同时这些词记录了文化，并反映了当时的文化特征。

第二节　英语语言内涵

英语属印欧语系，源于与欧洲大陆隔海相望的英国。印欧语系是世界上最大的语系，包括欧洲、美洲和亚洲地区的大部分语言。世界总人口中，有一半以上的人讲印欧语系的某种语言。英语属于印欧语系的日耳曼语族。日耳曼语族是一个比较大的语族，分为三个语支：①东日耳曼语支，主要以现已绝迹的哥特语为代表；②北日耳曼语支，主要以古北欧语为代表，包括今日的挪威语、冰岛语、瑞典语和丹麦语等；③西日耳曼语支，包括低地德语、今日的荷兰语、高地德语、英语、弗里西亚语、佛兰芒语等。因此我们常说英语属于印欧语系的日耳曼语族的西日耳曼语支。

英语是联合国正式语言和工作语言之一，是当前世界上应用最广的语言之一，全世界说英语的人数仅次于说汉语普通话的人数。世界上讲英语的人数不仅仅局限于以英语为母语的人数，这个数目约为32亿，我们还应该把那些生活在世界各地的把英语当作跨地域交往语言工具的人计算在内，还应包括那些出于政治、商业、科学或其他目的而学习和使用英语的人。这三个群体加在一起，讲英语的人约为 7 亿到 8 亿。可以说，英语是当前事实上的国际交流语言。

英语通过英国的殖民活动传播到世界各地。由于在历史上曾和多种民族语言接触，它的词汇从一元变为多元，语法从“多屈折”变为“少屈折”，语音也发生了规律性的变化。由于英文的使用范围极为广泛，不可避免地出现了各种地区性变体。有的语言学家已经不再把伦敦或英国上层人士的英语作为唯一的标准英语，而把它作为地区英语之一来看待。除英国英语外，最值得注意的是美国英语(亦作“美式英语”“美语”)。美国在 18 世纪建国之后，本土语言仍以英语为主，美国学者最初称它为“在美国的英语”。到了第一次世界大战之后，美国国力大增，就有学者提出“美国语”一说。在半个多世纪以前，这个术语通常被理解为美国人，英国人认为它不是纯正的英文，不能与英国英语相提并论。但到了第二次世界大战前后，“美国英语”一词的概念逐渐明确，只指在美国本土使用的“自成一派”的英语，不再刻意强调其与英国英语的渊源。现在英国学术界也终于承认美国英语有其独立地位。二者在语音上有相当明显的差别，拼写的差别则不是很大。在词汇方面，美国英语曾长期以英国英语为规范，由于第二次世界大战后美国的大众传播媒介迅速发展，美国英语已反过来对英国英语产生影响(特别是在新词新义方面)，并且这种影响有日益扩大之势。在文学作品中，这两种英语的区别比较明显，但在学术、科技文章方面，两国作者使用的是一种中性的共同文体。一般人们以一些学术机构的辞书作为标准英语的参考依据，例如：被誉为“全世界拥有最多读者的英文词典”——《牛津英语词典》等。

美国英语是美国“熔炉文化”的反映。操不同语言的移民从世界各地来到美国，这个新世界以英语作为唯一的官方语。正是这个强制性的官方语使美国文化成为熔炉性的多元文化，移民们被迫将自己的母语局限于家庭和社团使用而沦为方言，他们也被迫使用英语来谋求生存和发展。也即是说，移民们强制性地将自己的母语情结限定于社团感情的范围，而视英语情结为民族国家感情，于是美国英语就成了熔炉文化铸造“新世界的新人”的语言工具。

除美国英语外，还有加拿大英语、澳大利亚英语、新西兰英语、南非英语等，它们也各有自己的地区性的词语和语法。其他像印度英语、东南亚英语、加勒比地区英语和非洲某些新兴国家的英语，也都各自具有语音和词汇上的特点。

第三节 英语语言发展历程研究

一、日耳曼征服与古英语

(一) 日耳曼征服

日耳曼征服始于公元450年。在此之前，不列颠岛曾先后居住过伊比利亚人(公元前3 000年至公元前500年)和凯尔特人(公元前500年至公元450年)。伊比利亚人于公元前500年被凯尔特人征服并屠戮殆尽，在英国几乎没有留下什么痕迹。不列颠的语言文化史实际上始于凯尔特人，凯尔特人的语言属印欧语系，凯尔特语族包括今天的爱尔兰语、苏格兰语和威尔士语等。凯尔特人曾被罗马人征服和统治。公元前43年罗马帝国的凯撒大帝率军进攻不列颠岛，但无功而返。公元前5年罗马帝国皇帝克罗迪斯率军4万人征服了不列颠岛的中部和东南部，即现在的英格兰。罗马人在英国的统治历时近400年。很显然这是不列颠社会生活罗马化的时期。拉丁语成为官方用语、法律用语和商务用语，也成了罗马化的上层凯尔特人的第二语言。约20座城市和上百个城镇建立起来，公路四通八达。城镇中有罗马式的住宅、公共浴池、庙宇、剧院。罗马式的住宅中有供暖设备、马赛克铺的地面和粉刷的墙壁。罗马式的服装、饰品、餐具、陶器及玻璃器皿广为流行。公元3世纪基督教已开始在不列颠小范围传播。

公元5世纪初叶罗马帝国走向没落，开始受到日耳曼“蛮族”不断的侵扰。因内外交困，罗马当局不得不在公元410年撤走了罗马军队。罗马-不列颠帝国由此灭亡。随之而来的是对英语语言文化史产生了划时代影响的日耳曼征服。

早在公元4世纪，生活在北欧(今天的丹麦和德国西北部)的盎格鲁人、撒克逊人和朱特人就开始不断侵扰不列颠，没有被罗马人征服的北部皮克特人和苏格兰人也经常侵扰罗马-不列颠帝国的边境。当时的罗马人还能成功地抵御这些侵扰，但凯尔特人经过罗马化时期的平静生活已失去了战斗力，依赖罗马人来保护自己。罗马人撤走以后，凯尔特人失去了屏障，处于被动无援的境地。公元 449 年盎格鲁人、撒克逊人和朱特人渡过北海，大举入侵不列颠岛。凯尔特人也曾进行过顽强且有成效的抵抗，但最终没有逃脱灭顶之灾，有些地区的凯尔特人或被杀死或被驱赶到不列颠岛的北部和西部山区，即现在的苏格兰和威尔士地区，其他地区的凯尔特人则沦为奴隶。日耳曼征服实际上是文化上落后的民族对文化先进民族的征服，罗马文明被破坏殆尽，城镇被焚毁、遗弃。当时的盎格鲁人、撒克逊人和朱特人处于原始社会末期，主要的经济手段是狩猎、游牧和耕作，城镇生活对他们并无吸引力。盎格鲁人、撒克逊人和朱特人的社会由家族和氏族组成，分为贵族和自由民。法律制裁为根据罪行和受害人的社会地位判定的罚金。犯罪的认定一是采用神裁判法(古代的一种判罪法，即让被告抱灼烧之物或服毒，把其结果看作神的判断)或根据数人的证词。二是盎格鲁人、撒克逊人和朱特人把各自的日耳曼方言、原始的民主观念和生活习俗带到不列颠，建立了新的家园。他们讲的日耳曼方言演变成古英语或盎格鲁-撒克逊英语。现代英语中的 English 和 England 是由古英语中的 Englisc 和 Englan 演变而来，而 Englisc 和 Englan 又由(Angle)派生演变而成。

(二) 古英语时期

就语言本身而论，前面所提及的都属于史前阶段。直到公元 600 年之前，英语语言没有书面的记载。这时的盎格鲁-撒克逊人皈依了基督教，并学会了拉丁字母，确切地说，对基督教的皈依始于 597 年，对于盎格鲁-撒克逊人来讲，此举意义非同一般。因为这样一来，他们不仅在宗教信仰上有了依托，而且使他们与古罗马文明的遗产又重新有了接触。虽然在公元 600 年前后古罗马文明已经不那么辉煌了，但它当时肯定比英伦本土的任何文化都要先进得多。

习惯上英语语言史一般分为三个阶段：古英语：450—1066 年。中古英语：1066—1450 年。现代英语，前期：1450—1700 年；后期：1700 年至今。当英国历史开始时，英国划分为好几个独立的王国。有时其中的一些王国会对其他的一些王国施加控制或影响。在皈依基督教之后接下来的一个世纪里，最发达的王国是位于哈伯河和苏格兰接壤处的诺森比亚。到公元 700 年时，这个王国已经发展成为欧洲最为发达的文明。有些历史学家称之为“诺森比亚文艺复兴”，这是欧洲历史上数次文艺复兴中最早的一次。正是在这一时期产生了占英语中最优秀的文学作品，其中包括史诗《贝奥武甫》。到 8 世纪时，诺森比亚的力量衰落了，文明的中心南移到中部的一个王国——麦西亚。又过了一个世纪，文明的中心又转移到西部撒克逊人的一个王国——威塞克斯。西部撒克逊人最著名的国王是阿尔弗雷德大帝。他于 9 世纪后半叶在位，901 年去世。阿尔弗雷德大帝的闻名于世不仅因为他是一位军事家和统帅，而且由于他是一位积极的知识倡导者和传播者。他建立并资助学校，组织并亲自参与翻译了大量的书籍。在此期间，两个世纪之前的诺森比亚文学在西撒克逊被记载下来。实际上，流传至今的大量古英语作品基本上都是用公元 900 年或更晚些时候的西撒克逊方言写下来的。

在军事领域，阿尔弗雷德最大的成就是遏制了北欧海盗的入侵。在 9 世纪和 10 世纪的两百年中，斯堪的纳维亚人乘船由丹麦和斯堪的纳维亚半岛出发开始入侵英伦本土。他们四处进攻，随意劫掠，先是劫掠意大利和希腊，进而在法国、俄国和爱尔兰定居，然后将冰岛和格陵兰作为其殖民地。在多年的劫掠和攻击之后，斯堪的纳维亚人的一支军队于 886 年在英格兰的东部海岸登陆。除了阿尔弗雷德大帝领导下的威塞克斯王国，他们几乎没有遇到任何抵抗。在经过多年征战之后，双方终于达成一项和平条约。条约将英格兰从西北到东南画了一条线。界线东侧由斯堪的纳维亚人管辖，界线以西由威塞克斯王国统治。这样做的结果是在英语中加入了相当数量的斯堪的纳维亚语成分。在当时，斯堪的纳维亚语与英语间的差别并不像现在的挪威语或丹麦语与英语间的差别那样大。或许讲英语者多少能够听懂那些刚刚定居在英格兰东部的新居民的语言。

二、英格兰的基督教化

（一）基督教的兴起

基督教对西方人的社会文化生活有着重要的影响，同时也是西方文化非常重要的组成部分。基督教源于古犹太教，因此创立犹太教的古希伯来人被誉为西方文化的两大精神祖先之一。

公元 1 世纪，在巴勒斯坦的加利利地区出现了一个新的犹太教教派——拿撒勒派。据说，耶稣就是该派的重要人物。他宣称自己是上帝派来的，劝诱人们互爱并热爱上帝，通过与上帝沟通来实现道德的升华，通过忏悔在死后进入天国。耶稣的传教活动被罗马当局看作妖言惑众和从事政治颠覆活动，耶稣因而被钉死在十字架上。后来耶稣受难的十字架就成了基督教的标志。耶稣受难后，他的 12 门徒继续传教，并且把传教活动扩大到罗马帝国境内的非犹太民族。他们还修改了教规(例如废除了割礼)，以适应非犹太民族的生活习惯。这样，拿撒勒派冲破了犹太教的局限，脱离了犹太教而发展成一个新的世界性宗教——基督教。基督教由犹太教发展而来，因而承袭了犹太教的教义，把犹太教的经典《旧约圣经》(*Old Testament*)作为基督教的主要经典之一。在基督教独立发展之后，人们又把耶稣和他的门徒的传教言行编辑整理成《新约圣经》(*New Testament*)。《旧约圣经》和《新约圣经》合称《圣经》(*Bible*)，是基督教的主要经典。公元 3 世纪古罗马帝国爆发了全面的社会危机，以理性为标志的古希腊-罗马文化走向衰落，古罗马人向东方神秘主义宗教寻求精神寄托。这就为基督教的兴起与传播铺平了道路。

(二) 英国的基督教化

公元 597 年受罗马教皇格雷高里一世派遣，奥古斯丁等传教士来到英国肯特郡的坎特伯雷，开始在盎格鲁-撒克逊人的英国传播基督教。基督教在不列颠岛并不是新的宗教。在罗马化时期基督教曾进入不列颠，但公元 597 年是不列颠岛系统基督教化的开始。奥古斯丁等人的传教活动取得了一定的成果，当时的爱尔兰教会在英国的基督教化过程中也发挥了重要作用。到 7 世纪后期，奥古斯丁组建了英国基督教会，并被罗马教皇任命为坎特伯雷大主教。至此英国的基督教化过程基本完成。基督教化的过程也是教育和文化发展的过程。修道院不仅是宗教中心，也是教育和学术中心。到 8 世纪英国已成为欧洲学术领先的国家，这主要归功于基督教会。在此期间修道院的兴建与维修促进了建筑与装潢艺术的发展，教会音乐也达到很高水平。英国的成文法律开始出现，人们的社会生活在一定程度上制度化。

(三) 对古英语的影响

当时的教会活动使用的语言是拉丁语，不列颠岛的基督教化对古英语产生的影响主要体现在拉丁语借词上。但拉丁语对英语的影响并非始于英国的基督教化，盎格鲁人、撒克逊人和朱特人在来到不列颠之前就曾接触罗马文明并从拉丁语中借入一些词汇，这些词多与日常生活和宗教有关，说明先进的罗马文明使生活产生了影响。但拉丁语对古英语的最大影响发生在不列颠岛的基督教化时期和后来的一段时间里。从不列颠岛的基督教化开始到古英语时期结束，共有约 450 个拉丁词汇进入英语，这一数字不包括其派生词和《圣经》中大量的专有名词。这一时期进入英语的拉丁词汇首先是与宗教活动有关的。可以推断，伴随着这些词汇，相应的思想观念、事物或物品也进入了英格兰人的生活，成了英语文化的一部分。

三、斯堪的纳维亚人入侵

(一) 斯堪的纳维亚人入侵

在从 8 世纪到 10 世纪的三百多年中，东欧的马扎尔人、北非和西亚的阿拉伯人、北欧的斯堪的纳维亚人纷纷侵扰周边国家，欧洲大部分地区又经受了攻击。来自斯堪的纳维亚的入侵者，又称“北欧海盗”，多是商人、殖民者或战士。可能是由于斯堪的纳维亚可供垦殖的沃土不够充足，斯堪的纳维亚人，主要是丹麦人和挪威人开始到海外冒险。他们主要的侵扰目标是不列颠、法国北部和低地国家。北欧海盗的航海技术很发达。他们的航船既可越洋远航，也可在只有三英尺深的浅水中航行。这给他们的掠夺和侵扰行动带来很多便利。8 世纪晚期起，他们开始对不列颠进行海盗式掠夺，有时做些交易，有时登陆大肆劫掠而去，并不久留。挪威人主要劫掠爱尔兰，而丹麦人的海盗行径主要发生在英格兰。从 9 世纪中叶起，丹麦人开始变海盗式掠夺为征服与占领，并大量的移民，在英国北部建立了丹麦区。后来，丹麦人继续南侵，先后占领了诺森比亚、梅尔西亚和东盎格里亚。在南部的威克萨斯，丹麦人遭到阿尔弗雷德大帝领导的顽强抵抗。但丹麦人始终没有被赶出英国，还一度成为英国的统治者。他们在新的家园逐渐与英国人融合，成为英吉利民族的一部分。

（二）对古英语的影响

斯堪的纳维亚人入侵在英语语言文化史上留下了深深的印记。英国人后来采用的十二进制计数就来自斯堪的纳维亚人。在英国北部和东部(原丹麦区)，有大量的名来自丹麦语或丹麦语构词成分。英语还从斯堪的纳维亚语中借入相当数量的词汇。由于斯堪的纳维亚人和盎格鲁-撒克逊人同属日耳曼人，血缘关系很近，文化上又有很多近似之处，这些借词多属日常生活中常用的基本词汇。斯堪的纳维亚语借词中不仅有名词、动词和形容词，还有代词、介词、副词，甚至还包括动词 be(是)的一种形式。代词 they(他们：主格)、them(他们：宾格)、their(他们的：所有格)来自斯堪的纳维亚语。both(两者)和 same(相同的)也来自斯堪的纳维亚语。虽然它们主要用作其他词类，但也都可以用作代词。介词 till(直到)和 fro(向后)均借自斯堪的纳维亚语，fro 曾作为 from(从)的等值词广泛使用，现在在短语 to and fro(来回)中保留了下来。though(尽管)是连接词，同样来自斯堪的纳维亚语。借自斯堪的纳维亚语的还包括副词 aloft(向上)、seemly(合适的)、hence(因此)、whence(何处)等。are 是动词 be(是)的现在时复数形式，也源于斯堪的纳维亚语。由于文化交流，从其他语言中借入词汇是很常见的。但借入基本词汇，甚至功能词却非同一般。这更能说明斯堪的纳维亚语以及英语之间的亲密关系和斯堪的纳维亚人与英国人之间密切的血缘关系。

斯堪的纳维亚人入侵对古英语的影响还涉及语法。现代英语中主语为第三人称单数的现在时句子中动词加词尾即源自斯堪的纳维亚语。斯堪的纳维亚语和英语同属印欧语系日耳曼语族，有大量的同源词。这些同源词常常只在词尾存在差异。因此，如果把这些词尾去掉，丹麦人和英国人之间的交际就会比较顺畅。这加速了古英语中表示格、性等语法关系的词尾消失，也就是说，加速了英语从综合语向分析语的转变。

英国前首相、历史学家丘吉尔认为，英语国家的个人主义源于斯堪的纳维亚人，特别是丹麦人。古代斯堪的纳维亚人在土地上耕作或在海上捕鱼，主要依赖个人的力量，这是其个人主义人生观的基础。随着斯堪的纳维亚人入侵英格兰并在此定居，个人主义人生观进入英格兰，在欧洲文艺复兴时期与古希腊人的民主和人定胜天的信念融合，经文艺复兴时期的人文主义思潮、宗教改革和后来资产阶级革命的强化，形成了英语国家乃至整个西方国家注重个人权益、主张人与人和人与社会之间对立的个人主义文化。

有的学者认为，西方文化和中国文化的主要差别是个人主义文化和集体主义或环境主义文化的差别。西方文化，包括英语国家文化，是个人主义文化，而中国文化是集体主义或环境主义文化。在个人主义文化中，个人之间、个人与社会之间、人与自然之间是相互对立的。个人主义文化强调的是个人相对于社会或其他个人的权利。美国可能是最崇尚个人主义文化的国家。例如，美国人总把自己看作个人，而不是看作美国的代表。有位美国学者曾说："美国人是极端的个人主义者，甚至他们的头发都标上了号码。"

中国传统文化则强调人与自然、个人之间、个人与社会之间的和谐统一。"天人合一"一词始见于宋代，就是指这种重和谐统一的文化潮流。"天人合一"观源于周朝，后逐渐成为传统中国文化的主流。春秋战国时期的思想家，特别是道教思想家，对这一文化潮流的形成与发展做出了重要贡献。集体主义或环境主义文化强调人与人之间、个人与社会之间的和谐统一，强调人对于其他人或社会的义务与责任。集体主义或环境主义文化仍是当代我国文化的一个重要方面。

四、诺曼征服

(一) 诺曼征服

在古英语时期即将结束之时发生了英语语言文化史上最重要的事件——诺曼征服。诺曼底是与英国隔海相望的法国北部向内陆纵深约 70 英里的一个狭长地区，该地名来自 northmen(北方人)，即讲北日耳曼语的丹麦人。公元 9 世纪与 10 世纪(北欧海盗入侵英国之际)期间，丹麦人陆续移居法国诺曼底，后与法王签订和约：法王承认丹麦人对诺曼底的占领，诺曼底丹麦人承认法王为宗主。在以后的 150 年中，诺曼底人发展成为法国的重要力量，诺曼底公爵的权力有时甚至超过法王。诺曼底人具有很强的适应新环境的能力，他们很快就放弃了自己的日耳曼语和日耳曼风俗习惯，从语言到生活习俗全盘法国化了。

1042—1066 年在位的英王爱德华死后无嗣。他自己为了有王位继承权，爱德华的兄弟——法国诺曼底公爵率军攻打英国。威廉在三天后进入伦敦，加冕为王。此后，威廉残酷地镇压各地的反叛者，逐步确立了诺曼底贵族在英格兰的统治地位。同时，法国教士也在英国教会中成了统治者。随威廉的军队来到英国的还有诺曼底平民，他们中有很多人也留在了英国，而且在随后的 200 多年中人数越来越多，每一个诺曼贵族周围都有一群诺曼侍从。诺曼征服者的后裔逐渐融入英国社会，成为英吉利民族的一部分。

(二) 诺曼征服后的法语与英语

诺曼征服之后，英国的统治阶层已是诺曼底人的天下，他们自然继续使用法语，而被统治阶级(主要是英国平民)仍然使用英语。诺曼底人也在与英国人交往中逐渐掌握一点英语，包括威廉本人也曾有意识地学习英语。但诺曼底人没有要求掌握被统治阶级所使用的语言。这样，在英国就出现了英语和法语并存的局面。最初讲法语的都是诺曼底人，后来很多与诺曼统治阶级交往密切的英国人也开始学讲法语。很快语言不再是民族的标志，而成了社会阶层的标志。上层的诺曼底人和英国人讲法语，下层的英国平民则使用英语。诺曼底人征服英格兰后仍与法国保持密切联系。在诺曼征服以后的近 200 年间，历代英王同时又是诺曼底公爵，英王亨利二世(1154—1189)更是曾经领有法国 2/3 的国土。他们中多数人大部分时间生活在法国。当时的英国贵族也是如此，也在法国拥有财产和土地，或为自己的利益或追随英王，长期逗留在法国。更多地关注法国的英国统治阶级自然继续使用法语作为交际语言，而英国被统治阶级则继续使用英语。

但 1200 年以后，这种情形逐渐发生了变化。首先，英王约翰因拒绝以诺曼底公爵的身份去法国宫廷受审，而被判失去诺曼底。法王菲力普利用这一机会占领了诺曼底。这一事件发生在 1202 年，它促使英王和英国贵族更多地关注其在英国的利益，使英、法贵族开始分离。到1250年左右，英、法贵族的分离基本完成，英国贵族已基本失去了在欧洲大陆的财产和土地。这样，英国统治阶级使用法语的主要原因已不复存在。但是，尽管英王和英国贵族的经济利益已英国化，他们仍然保持着法国化的审美观和生活习俗。英王身边时时充斥着讲法语的新宠臣。特别是到13世纪，法国文化在欧洲已处于领先地位，被看作最高雅的文化。欧洲各国宫廷与显贵都以讲法语为荣。因此，1250年以后，英国的上流社会仍流行法语。但此时法语已不再是法国贵族的母语，而是代表高雅文化的语言。在议会、法庭、国家及法律文书教育等场合或领域仍主要使用法语。当时的法语有四种主要方言：诺曼底方言、东北部的皮卡德方言、东部的伯甘丁方言和巴黎的中央方言，地位最高的是巴黎的中央方言。随诺曼征服进入英国的是一些具有北部方言特征的诺曼底方言。由于受到英语的影响，随着时间的推移，这种方言已和上述四种法语方言都有了较大差别，成了一种法国人觉得好笑、英国人感到有点自卑的法语方言。这一点成了法语在英国日渐没落的原因之一。英法之间的百年战争(1337—1453)使英法成为敌对国家，使法语成为敌人的语言。这也是法语在英国没落的原因之一，英语则继续作为大众的交际语言，所不同的是由于英国人民族意识的提高，英语的地位已开始上升，在贵族阶层中学习英语和会讲英语的人也越来越多。1349年英国爆发“黑死病”，总人口减少了近1/3。可以想象，受难最深重的是劳动人民。劳动者大量死亡，造成劳动力匮乏。当时的英国平民由于对生活状况不满，于1381年发动起义，在起义运动的影响下，平民的经济收入和社会地位都有所提高。英语是平民所使用的语言，其地位自然与平民的地位密切相关。英语地位提高的另一个原因是英国中产阶级的出现。到13世纪中叶，在英格兰已出现了约200个有很大自主权的城镇，人口1 000~5 000人不等。此外，还有一些人口更多的大城镇，例如伦敦和约克。城镇人口主要由工匠和商人构成。随着财富的累积，这些工匠和商人的地位日益提高，形成了位于贵族与平民之间的中产阶级，该阶级使用的语言也是英语。

随着英语地位的不断提升，14世纪末在宫廷、法庭和学校全面取代法语，重新成为英国的国语。

（三）对中古英语的影响

诺曼征服以后不久，英语就进入中古英语时期(1150—1500)。在这段时间里英语发生了巨大的变化。有些变化直接与诺曼征服有关，有些则与其间接相关。诺曼征服对英语的影响首先体现在词汇上，英语中的法语借词在数量上首屈一指，大得惊人。由于英法两种文化关系密切，而且在相当长的一段历史时期内，法国文化要优于英国文化，所以很自然英语从法语中借入了大量词汇。在从诺曼征服到中世纪结束这一段时期内，英语从法语中借入 10 000 万个以上词汇，其中 75%沿用至今。

诺曼征服以后进入英语的法语词汇可分为若干类。第一类是有关政府与行政管理的词汇。一个民族征服了另一个民族，自然会关心与政府和行政管理权有关的事物，因此，很多与此有关的词汇进入英语。诺曼征服以后，法语长期是英国的法律语言。现代英语的法律术语大多来自法语。在中世纪的英国事物中战争占据了重要地位，而诺曼征服以后英国陆军和海军皆由法国人控制，很自然在英语的法语借词中有不少军事术语。当时法国文化的先进性也反映在与文学、艺术、科学、医学有关的法语借词上。英语还从法语借入其他很多名词、动词、形容词，反映出诺曼征服对英国社会文化生活方方面面广泛的影响。另外，也有一些法语的短语进入了英语。由于相对于当时的英国文化而言，法国文化是征服者的先进异族文化，可以推断很多法国文化中的观念、事物、物品进入了英格兰，在某种程度上改变了英格兰文化的进程。但并不是伴随着每一个法语借词都有一个新观念或事物进入英国。在一些情况下实际上是随着法国人涌入英格兰，英语中出现了很多指称同一观念或事物的英语词和法语词共存的局面。后来，法语词逐渐胜出，存留下来，而英语词消失了；或者英语词和法语词都保留下来，但各自的词义发生细微变化，成为近义词。

中古英语的其他方面，包括语音、语法、拼写和书写系统，也发生了很大变化。其中特别引人注意的是语法上的变化，也就是英语中表示格、性等语法范畴的词形变化大量消失。在中古英语时期，表示名词的性的词形变化已经消失，多数情况下只保留了所有格和复数的词形变化，已经和现代英语较为接近。到中古英语后期，表示形容词的格、性、数的词形变化已基本消失。中古英语时期，动词也发生了大的变化。其一是大量强式动词(不规则动词)转化为弱式动词(规则动词)，简化了动词的词形变化。其二是动词变位的简化。比如，动词过去式的单数、复数及过去分词形式趋于统一。由于大量的词形变化消失，中古英语转向主要依赖于词序及功能词来表示语言单位之间的语法关系，基本完成了由综合语向分析语的转化。中古英语在语法上的巨大变化与诺曼征服只有间接的关系。英语语法的变化的直接原因是英语语音的变化。而这一变化在古英语时期就已开始，到 10 世纪时就已非常明显。诺曼征服只是为这一变化提供了有利条件。诺曼征服使英语在约 300 年的时间里成为平民及其他劳动者的语言。当时的平民及其他劳动者一般都较少经过学校教育，而学校教育常常是语言变化的阻力，因此可以说诺曼征服为英语的自由发展变化排除了障碍。除此之外，中古英语语法的变化与诺曼征服无关。

五、欧洲文艺复兴

15—17 世纪是欧洲的文艺复兴时期。文艺复兴标志着欧洲中世纪的结束和现代文明的开始，是一场伟大的社会变革，是欧洲文明史的一个重要时期，对欧洲的社会文化生活产生了广泛而深远的影响。16 世纪的欧洲史学家认为它是古代希腊-罗马文化和艺术的复兴，因而得名。古希腊-罗马人被看作是西方两大精神祖先，西方人普遍把自己看作古希腊-罗马文明的继承者。而把古希腊-罗马文明和现代西方社会联系起来的纽带首先是欧洲文艺复兴运动。

在 15 世纪的欧洲，随着工场手工业和商品经济的发展，资本主义的生产关系已经在封建制度内部逐渐形成，面临冲破封建桎梏的重要使命。在政治上，欧洲的封建割据已引起广泛的不满，欧洲各国人民的民族意识开始觉醒，表现出要求民族统一的强烈愿望。在文学艺术上，出现了但丁、薄伽丘、拉伯雷、达·芬奇、拉斐尔、米开朗琪罗、莎士比亚、莫尔和康帕内拉等一大批文艺大师，他们的作品宣扬人文主义思想，反对中世纪的禁欲主义和宗教观。在自然科学方面，哥白尼的日心说向上帝创造世界的宗教传统提出挑战；哥伦布和麦哲伦等人的航海地理发现为地圆说提供了有力的证据；伽利略在数学、物理、科学实验等方面都做出了卓越的贡献。总的说来，欧洲文艺复兴是以复兴古希腊-罗马文化艺术为旗帜，反映新兴资产阶级的利益和要求的一场伟大运动。其主要表现形式就是科学、文学和艺术的高涨。

（一）人文主义思想

人文主义思想 14 世纪产生于意大利，后来发展到欧洲各国，是文艺复兴运动的主要思潮。14 世纪的意大利具备了人文主义思想产生的两个主要因素：资本主义的萌芽和古典文化的复兴。到 14 世纪，意大利北部和中部的工商业城市在欧洲处于领先地位，商品经济非常发达，资本主义萌芽和新兴的资产阶级首先在这里产生。佛罗伦萨、威尼斯等城市取得了政治上的独立，建立了城市共和国。具有资本主义特点的世俗城市生活是人文主义思想产生的现实社会基础。意大利又是古罗马统治的中心，深受古希腊-罗马文明的影响。它不仅保存了大量的本土古希腊-罗马文明遗产，还通过与拜占庭和阿拉伯的文化交流获得了大量古典文化书籍。这为古典文化的复兴提供了充分的典籍。这些典籍中强调的人是世界的核心与主宰、人定胜天、人应享受民主与自由等思想，在资本主义的萌芽阶段，适应资产阶级的需要与意愿演变成人文主义思想。人文主义思想是与古典文化紧密联系在一起的，是一种与中世纪宗教思想相对立的世俗主义思想，是在复兴古典文化的基础上形成的新兴资产阶级的人生观和世界观，其核心思想是强调人的价值与尊严，强调个性解放与自由，反对以上帝为中心的中世纪神学思想。

人文主义思想从意大利扩展到整个西欧，成为新兴资产阶级的思想武器。在整个文艺复兴运动中，代表新兴资产阶级利益的知识分子以它为武器对中世纪封建教会和神学进行了猛烈的抨击。他们提倡人权，反对神权，提倡科学，反对迷信，提倡世俗享受，反对禁欲苦行，有力地推动了文艺复兴运动的发展和西欧社会由封建主义向资本主义过渡。

（二）欧洲宗教改革

中世纪文化从 14 世纪起走向衰落，封建教会出现全面危机。民族国家的兴起使罗马教廷的权威受到冲击，教会民族化趋势日益增强。在日益发展的商品经济冲击下，教会越来越世俗化，腐败现象越来越严重，教会内外要求改革的呼声越来越高。从意大利兴起的人文主义思潮强有力地冲击了封建教会，无情地揭露了教会的腐败与黑暗，这加速了宗教改革的到来。

欧洲的宗教改革源于德国的宗教改革运动，而马丁路德(1483—1546)则是德国宗教改革运动的先驱。路德反对罗马教会的权威，认为世俗权力也来自上帝，因此君主有权召集宗教会议，有权对教皇和神职人员进行惩罚。他还主张基督徒不必依靠教会及其繁琐的宗教仪式，通过对上帝的虔诚信仰就可以得到灵魂的拯救。在路德与罗马教廷的冲突中，德国皇帝查理五世公开支持罗马教廷，压制宗教改革。这引起路德的支持者的愤慨，他们于1529年联合举行抗议，被称为“抗议者”这样，一个新的教派——路德教或新教产生了。

约翰·加尔文(1509—1564)是法国宗教改革的倡导者，他主张上帝是万能的造物主，掌握着世人的生死荣辱；有些人注定要得到永生，成为上帝的“选民有些人则注定要永远罚入地狱，是上帝的“弃民”，“选民”在现世的使命就是凭自己对上帝的虔诚与信心，一切按《圣经》的准则行事，争取在现实生活中有所成就，以显示上帝的尊荣。这一主张否定了教皇和神职人员的作用与权威，把升官发财看作是上帝的恩赐，把在社会上取得成功的人看作是上帝的“选民”。这一主张更符合新兴资产阶级进行资本积累、追逐利润的要求。后来，加尔文到日内瓦进行宗教改革，创建了加尔文教。

从15世纪开始英国资本主义迅速发展，民族意识日益增强，人民普遍反对罗马教廷干涉英国的宗教活动，要求英国教会民族化。1533年，亨利八世公开与教皇决裂。次年，他授意议会通过法案，规定英王是英国教会唯一的最高元首，拥有英国最高的宗教权力，英国教会神职人员不再向罗马教皇而向英王宣誓，教会原上缴罗马教廷的贡金一律改交英王，凡反对英王为教会最高权力者的人一律视为犯有叛逆罪。这标志着英国国教的产生。然而，英国的宗教改革是由英王实行的自上而下的保守的改革。它虽然实现了英国宗教的民族化，但却保留了天主教的教义、组织和礼仪，是不彻底的改革。英国的加尔文教信徒要求清除英国国教中的天主教因素和“纯洁教会”，被称作清教徒。

文艺复兴时期欧洲宗教改革所产生的三大新教派——路德教、加尔文教和英国国教为欧洲资本主义发展提供了宗教基础。新教的伦理思想在资本主义的发展中起了巨大的精神作用。它使人们从中世纪的苦修禁欲和对虚幻来世的追求转向对现世生活的热情以及对成功的向往，培养了人们勤奋、节俭、积极向上、勤奋创业的精神，这对资本积累和资本主义发展起了很大的推动作用。在英国，来自丹麦人的个人主义人生观和源于古希腊-罗马文明、经意大利人发扬光大的人文主义思想和新教的伦理思想一起成为个人主义文化的基石。

(三) 莎士比亚

文艺复兴时期欧洲的文学、艺术、科学空前繁荣，出现了很多流芳百世的文学家、艺术家和科学家。其中与英语和文化有着密切关系的是英国剧作家和诗人威廉·莎士比亚。莎士比亚是文艺复兴时期英国最杰出的文学家，代表了当时欧洲文学创作的最高成就，为后人留下了37部戏剧、150多首十四行诗和2首长诗。莎士比亚给后人留下了脍炙人口的不朽名著。他的作品对英语的发展也产生了深远的影响。英语中有大量的谚语、警句、格言、典故来自莎士比亚文学作品。据说，曾有一个对莎士比亚知之甚少的人应邀去欣赏莎士比亚戏剧，当被问及观剧感想时，他说：“没什么，只是很多引语堆砌在一起。”殊不知，这些引语就是来自莎士比亚的文学作品，是具有非常浓厚文化特色的英语。

(四) 文艺复兴与早期现代英语

文艺复兴时期正值早期现代英语形成时期，在早期现代英语中词类转换非常普遍。在早期现代英语中屈折形式继续消失，名词只是在复数和所有格中才保留屈折形式，形容词也只在比较级和最高级中保留着屈折形式。由于名词格的变化消失，早期现代英语的词序已基本固定，形成了主语-动词-宾语(SVO)的基本句式。总体来说，早期现代英语虽然仍有自己的特点，但已经很接近现代英语了。

六、现代英语

15—16世纪，欧洲新兴的资产阶级摆脱了封建主义的束缚，开始迅速发展，拜金主义盛行，欧洲陷入追求财富的狂热之中。葡萄牙、西班牙首先开始了海上冒险和殖民掠夺，法国、荷兰、英国等紧随其后。英国人的海上冒险是在伊丽莎白时代(1558—1603)开始的。那时，英国船只开始世界探险并与其他国家做生意。不久他们便与当时的海上强国发生冲突。1588 年英国海军击败了强大的西班牙无敌舰队，扫除了英国海上扩张的主要障碍。从此，英国走上了迅速向海外扩张、大肆进行海外掠夺的道路。从 1651—1678 年与荷兰海军数度兵戎相见，最终战而胜之。经过长期与法国的对抗，英国终于在 18 世纪中叶取代法国成为欧洲乃至世界的军事霸主。随着英国的海外扩展，英国人大量向海外移民，在世界上建立了幅员辽阔的英属殖民地。英语也随着英国移民走向世界。随着历史的进程，以英国移民或其后裔为人口结构主体的北美和大洋洲殖民地相继取得独立，成立了美国、加拿大、澳大利亚和新西兰等新兴英语国家。

1662 年，正式成立的英国皇家学会提倡用质朴的英语探讨哲学和自然科学。从此，英语逐渐代替拉丁文成了哲学和自然科学的语言，这就要求它更准确、清晰、合乎逻辑，更有说服力。17 世纪英国文学家德莱登澄清了英语的句法，这时现代英语发展成了一种相当成熟的语言。

英语的发展一直受到两种趋势的影响：一是使之更丰富、典雅；二是使之保持纯洁、朴素。早期现代英语发展成为后期现代英语，主要是第二种趋势在起作用。启蒙运动使 18 世纪成了一个理性的时代，要求英语的读音、拼写、词义、句法等都得有个统一的标准，于是产生了对字典和语法书籍的迫切需求。1755 年，约翰逊博士编纂出版了《英语词典》，第一次把英语作为全民语言记录下来，对书面语、惯用法和拼写法的规范化起到了前所未有的积极作用，从此以后现代英语大体定型。另外，当时还接连出版了许多语法书籍，英语的准确程度和清晰程度得以大大增强。

现代英语发展变化最显著的特征就是词汇大大增加，这种变化与社会政治、经济、文化的发展息息相关。从 17 世纪开始，英语随着英国国际贸易和开拓殖民地的活动走向世界各地，与世界各地的民族和文化都有了接触，吸收了数千个新词，词汇变得更为国际化了。与此同时，由于与法国一直保持着密切关系，法语词仍然源源不断地传入英语。这一时期传入英语的法语词很多保留了法语在发音和拼写上的特征。19 世纪的英国产业革命促进了科学技术的发展，英语词汇也大幅度增长。古英语词汇大约只有 5 万～6 万个，而现代英语却有 65 万～75 万之多，英语中出现了大量的短语动词，表达方式变得更加灵活生动，而且英语的用法也比以前更加确定，更加规范。20 世纪以来，全球经济迅猛发展，科学技术日新月异，国际商贸、文化交往日益频繁，英语迅速成为一种国际语言，在国际交往中起着举足轻重的作用。

第四节　英语——新世界语

1887 年，波兰查门霍夫博士(Zamenhof)以超人的智慧和满腔热情发明了超越民族界线的“国际普通话”——世界语(Esperanto)，旨在消除国际交往的语言障碍，让世界上的各民族能够“用一个声音说话”，实现和保持地球上各善良民族渴望的和平。一百多年过去了，世界语没有成为世界通用的语言，甚至被人遗忘。与此形成鲜明对照的是，曾经是民族国家的语言的英语却在世界上为越来越多的国家和人民所使用，现已成为“新世界语”。

一、英语的“世界性”

“英语——新世界语”，这是德国学者施杜里希所著《世界语言简史》一书英语部分的标题。当罗马帝国如日中天的时候，拉丁语被称作“世界语”；在亚历山大大帝后继者的时代，希腊语被称作“世界语”；从 17 世纪至 19 世纪，法语也曾经是欧洲宫廷、贵族和外交家的语言——100 多年前歌德说，旅行者如果会法语，就可以到处旅行而不需要翻译。如今，“新世界语”的称呼落到了英语头上，可谓实至名归。毕竟，迄今为止真正影响整个世界并得到广泛传播的只有英语。

今天，世界上以英语为母语的国家有 10 余个，它们是美国、加拿大、英国、爱尔兰、澳大利亚、新西兰、南非和几个加勒比国家。以英语为官方语言的国家超过 70 个，其中包括尼日利亚、加纳、印度和新加坡。在各国的外语教学中，英语享有的优先地位超过法语、德语、俄语、西班牙语和汉语。在 100 多个国家，英语被列为外语教学中的第一外语。一个具有象征意义的例子是，1996 年，曾为法国殖民地的阿尔及利亚开始用英语取代法语作为外语教学中的第一外语。据联合国教科文组织统计，目前世界上以英语为母语的人口虽然只有 3 亿多，但在一定程度上懂英语的人已达 7 亿多；面向世界的广播节目当中，60%以上用英语播音；世界上约 2/3 的工程技术文献用英语写成；今天，全世界的文字出版物、音像出版物大约 85%是用英语出版的。在各种国际会议、集会和比赛中，使用英语已被看成“理所当然”的惯例。英语的国际化已成为不可否认的现实。

英语在未来将如何发展，这一问题还存在着某些不确定的因素。不过目前可以确定的是，英语在当今世界上的影响还会继续增加，这种语言本已相当庞大的词汇量还会变得更加庞大，迅速发展的科学和技术会为创造英语新词做出新的贡献。

二、英语缘何成为世界通用语言

英语走向世界始于 17 世纪英国国际贸易和开拓殖民地的活动。英语虽然不属于人类最古老的语言之列，并且它走向世界也仅仅 400 多年，可是它在全球化过程中的发展速度和对全世界的影响，是其他任何语言都望尘莫及的，其奥妙究竟何在，非常值得我们研究和探讨。

英语在短短 400 多年里能够一跃成为世界通用语言，原因是多方面的。依据牛道生先生在《英语与世界》一书的精辟分析，我们须注意从以下方面把握英语迅速崛起的真正原因。

（一）历史方面

1 500 多年前，盎格鲁-撒克逊民族凭借北欧日耳曼民族勇猛顽强的“海盗精神”抢占不列颠岛，在非常艰难的自然环境中，凭借本民族团结的力量战胜外族屡次的侵略，在不列颠创建新的国家——英国；然后，在文艺复兴运动中，凭借勤奋好学的探索精神，在广泛汲取欧洲古老文明成果的基础上，自力更生，力求创新，努力赶超欧洲大陆的老牌列强，从一个弱小的海岛民族发展成为欧洲乃至世界上的强盛民族，在16世纪以后短短的200年中就创造出独具英国民族特色的先进语言文化。

（二）政治、军事方面

英国为了达到掠夺殖民地的目的，不惜用武力在世界各地镇压当地土著居民，在政治上竭力奉行殖民政策，强行传播和普及英语语言文化，用英语同化当地民族语言，使英语在美洲、大洋洲、非洲、亚洲英国殖民地牢牢地扎下了根，结果造就出美国、加拿大、澳大利亚、新西兰、南非、印度等多个具有本土语言文化特色的英语变种。

（三）经济方面

因为先前的大英帝国，以及后来的美国，都先后在经济上垄断国际贸易市场的许多重要领域，所以英语必然随这些领域的商品打入世界各国。如今，许多大的国际跨国集团仍然操纵在美、英两国手中，国际经济贸易游戏规则基本上都是用英语作为蓝本制定的，并被美、英等西方国家所操纵或主导。

（四）科学技术方面

在人类近代自然科学技术方面，许多先进发明创造和尖端科学技术来自英、美两国的科学家，他们用英语写成的科研报告和资料，以及发行的英文学术期刊必然受到世界各国科学家和科技人员的青睐。为了获取英、美的先进科学技术，或参加国际学术交流，非英语国家的大批科学家和科技人员不得不下苦功学习英语。

（五）外交方面

美、英两国以及许多英联邦国家把英语作为第一语言或官方语言，美、英又分别是联合国五个常任理事国之一，这使得英语在1948年联合国成立之日就成为联合国的工作语言之一，并且用英语制定的国际法在全世界普及面最广。为了有利于国际交往，世界其他国家的外交人员不得不学会英语。

（六）国际贸易和旅游产业方面

20世纪后期，经济全球化趋势发展迅速，为了占领国际贸易市场和旅游市场，国际竞争越来越激烈，英语成为推销本国商品和旅游资源的有力武器，各国相关公司在国际媒体用英语大做广告，千方百计为自己争夺客户。

（七）教育方面

因为美、英以及加拿大、澳大利亚等以英语为母语的国家都有许多世界一流的大学，各国为了培养一流科技人才，不得不派大批留学生或访问学者去美、英或其他英联邦国家大学留学或从事合作科研活动，英语自然成为年轻人梦寐以求的考入这些国家大学的“敲门砖”以及学者们进行学术交流的工具。另外，世界上高水平的大学教材和现代文学著作，绝大部分是用英语写成的，各国高等院校为了提高教学科研水平，与世界学术水平接轨，不得不选用或借鉴西方国家的大学英语教材和现代文学著作。

（八）文化娱乐方面

美国人最早发明了电影，后来又发明了电视、录像。美国凭借高科技手段生产的大批影视音像制品，具有非常诱人的魅力，不但占领了英语国家娱乐市场的大部分份额，而且在非英语国家也十分畅销。其他国家为了使本国的影视产品能够打人国际娱乐市场，也将其翻译成英语在全世界发行。因此，英语必然随着美国或其他国家影视音像制品的全球广泛传播，而引起世界亿万观众学习英语的兴趣。

（九）新闻、出版、通信方面

世界上最大的国际传媒垄断集团，几乎都被美、英所控制；国际电信以及全球网络通信业也几乎被美国所操纵；世界新闻出版领域的英语书籍、报刊发行量最大，英语自然成为世界新闻、出版、通信领域的首选语言或主导语言。

（十）民族语言文化方面

18世纪以来，英、美一直先后处于世界近代史上全球先进生产力发展的顶峰。因此，根据经济基础决定上层建筑的马克思主义经典理论来看，英、美必然成为世界近代史上先进语言文化的主要代表者，英、美的语言文化在全世界的竞争力必然最强。那些弱小民族或语言文化落伍的古老民族，一旦沦为英、美的殖民地，其本土的语言文化必然面临被同化或边缘化的危险，英、美英语语言文化势不可挡地成为这些被奴役民族的主导语言文化。即使这些民族后来独立了，在很长的历史时期内依然很难摆脱对英语的高度依赖，如印度、巴基斯坦、孟加拉、南非等国至今仍然把英语作为本国的官方语言使用。

经过 1 500 多年的变迁，英语从几个日耳曼部族的语言发展为今天具有重大国际影响的语言，这固然有上述政治、经济、社会等方面的原因，但英语语言本身的独特优势也同样不容忽视。词汇的开放性便是其优点之一，英语极善于吸收外来词。一方面英语属于日耳曼语族，有日耳曼语的共同词语，另一方面又长期与法语及其他罗曼语族语言联系密切，同时吸收了大量古典词语。可以说，英语把代表欧洲主要文化的词语兼收并蓄于一身，这在欧洲各语言中间是独特的。今天，每当出现了一种新的事物、设备或时尚，只要其他语言中已经提供了一个合适的词汇，英语就会心甘情愿地把它吸收进来。而且在吸收的过程中，往往词形不做任何改变。英国语言学家布赖恩•福斯特(Brian Foster)在《变化中的英语》(*The Changing English Language*)一书里精辟地分析了英语民族在吸收外来词语问题上的民族心理特点：

“从英语的整个历史来看，英语对其他语种的词语总是乐于采纳的。确实，人类各种语言都或多或少地借鉴了外界模式，但有理由可以认为，英语跟其他主要的语种相比更易于接受外来的影响。法国人确实成立了一个组织，他们希望靠此来阻止或多少能控制外国词语的流入。而对于大多数操英语的人来说，这是不可思议的，他们似乎主张一种语言上的‘自由贸易’。他们说，如果一个外国词语是有用的话，那就应该采用，不论其来源如何。”

从语法角度看，英语词尾变化简单，没有复杂的性数格变化。英语正在不断向分析性语言的方向发展，向简化的方向发展，英语的词序起的作用越来越大。这些特点也使英语同其他欧洲语言比较起来相对容易学习，特别是容易入门。在上述诸多因素的综合作用之下，英语在世界范围内大行其道也就不足为奇了。

第二章　英语民族文化研究

第一节　英语民族文化的背景

英语是西方人的语言，英语民族文化心理是西方文化传统的产物。

一、西方文化的内涵

所谓西方文化，一般是指发源于古希腊、古罗马时期，浸染了中世纪的基督教传统，兴盛于文艺复兴、宗教改革，经启蒙运动而最终确立，并且近几百年来兴盛于西欧北美等地的文化系统。西方文化是西方人为适应自然与人文环境所创造出来的生活方式的总和，其功能在于确保西方人的生存和发展。

今日的西方文化，是以欧洲文化为基础所发展出来的文化体系。欧洲文化本身是一个取精用宏的文化，有其辉煌的成就，也具备高度的扩张力。欧洲文化的政治理念、科学成就、艺术创造、哲学思想和宗教信仰等自古希腊时代起就向外传播并产生影响。15 世纪末以来，由于新航路的开辟和新世界的发现，“欧洲的扩张和世界的欧化”成为世界近代史乐章的主题曲。所谓“欧洲的扩张”是指欧洲力量的扩张，欧洲一度曾掌控世界的绝大部分，欧化了美洲，瓜分了非洲，占据了大洋洲，也震撼了亚洲。所谓“世界的欧化”是指欧洲的文化思想和典章制度传到世界的各个角落，成为一种主导进步和革新的力量。后来欧洲的殖民主义或帝国主义退潮，但欧洲文化在欧洲以外的北美洲、南美洲、大洋洲等地，无论在人文景观和文化实体上，均维持了西方文化的风貌。例如在北美，人们多来自欧洲，讲英语或法语；在墨西哥讲西班牙语；在南美，有四个主要族群为欧洲血统：①土生印第安人；②白种欧洲人(多为西班牙人和葡萄牙人的后裔)；③非商美洲人，即当初的“黑奴”及其后裔；④混血种人，其中有梅斯带人(主要是欧洲人与印第安人的混血)，以及穆拉托人(为有非-美欧血统者)，他们均使用欧洲语言

(除巴西讲葡萄牙语，其他绝大多数讲西班牙语)；大洋洲人主要为英国血统，讲英语。西方文化对全世界产生巨大的冲击，在不断释放出能量之后，对全人类产生了极大的影响。

二、西方文化的发展演变

西方文化主要受古埃及文化、巴比伦文化、叙利亚文化与爱琴文化之影响而形成古希腊文化；后来罗马精神融合希腊文化，而形成古罗马文化；再后来，希伯来的犹太教、基督教精神与阿拉伯精神侵入罗马世界，而有了中古文化；再加上近代意大利文艺复兴与日耳曼精神的影响，形成了西方近代文化。20世纪早期，德国史学家斯本格勒在《西方的衰亡》一书中将西方历史分为三个时期：第一个时期是古代。这一时期的精神，他称之为“阿波罗精神”。阿波罗乃太阳神，他给人类带来光明和智慧，“阿波罗精神”代表的是古希腊精神。第二个时期是中世纪，这个时期的精神，他称之为“东方贤人精神”。“东方贤人精神”代表着中世纪基督教文明。第三个时期是近代，他称之为“浮士德精神”。“浮士德精神”代表的是近代欧洲人追求科学知识的进取精神。要了解西方文化，首先要抓住“古希腊精神”“基督教精神”和“近代科学精神”这三个关键词。

(一) 古希腊精神

西方文化起源于古希腊文化，古希腊、古罗马文化亦即所谓的古典主义文化。西方文化的很多东西，诸如办学制度、议事制度、公民机构、精神追求乃至对科学文化的重视都可以归结到古典主义时期的影响。西方人的理性思维方式、讲求实效的精神、对人本观念的尊崇以及喜欢研究自然的习性似乎都离不开古典主义的熏陶。古希腊、古罗马文化对西方人的影响是全面而深刻的，除了政治上的民主制度、民主议事及处理问题的方式以外，在哲学、文学、艺术和建筑等方面的影响都有所显现。

古希腊精神从根本上讲就是“对自由理性之尊重与对普遍理性之肯定”。希腊的科学以数学、几何学为主，它们都以永恒性、绝对性之数与形之关系为对象。哲学方面的一些基本概念，如唯物主义、唯心主义乃至辩证法，最早均起源于古希腊；对人类哲学思想最早进行专门研究的也是古希腊；最先在哲学方面取得引人注目成就的还是在古希腊。柏拉图的“理念论”和亚里士多德的“实体论”可谓留给西方人最有影响的哲学成果。他们的学说都以寻求事物普遍永恒的理念或形式为核心。西方人的理性主义，从哲学渊源上说，最早的源头也在他们身上。

西方有文字记载的文学、艺术也是从古希腊开始的。文学起源于对战争胜利的歌颂，古希腊文学是整个西方文学的源头，也是欧洲文学的第一个高峰。古希腊文学反映了欧洲从氏族社会向奴隶制社会过渡时期的现实生活，特别体现了古代世界的人们对战争与和平、人与自然之间的关系的思考。古希腊时代显赫的英雄行为和社会历史的重大变迁都在文学作品中得以深刻地体现。这些文学作品不仅为整个西方文学的发展奠定了基调，也为人们研究古希腊世界的历史与社会提供了丰富的文献资料。

古希腊戏剧是世界上最古老的戏剧，产生于公元前 6 世纪，公元前 5 世纪达到鼎盛时期。彼时古希腊的政治和军事中心雅典城同时也是古希腊戏剧的中心。雅典最早的戏剧传统源于祭奠酒神狄奥尼索斯的宗教活动。埃斯库罗斯、索福克勒斯、欧里庇得斯并称为希腊三大悲剧大师，他们都在雅典生活过。阿里斯托芬被誉为希腊“喜剧之父”，他也是雅典人。古希腊的剧场形式和剧作对西方戏剧和文化的发展产生了持续而深远的影响。

在整个西方美术传统中，古希腊雕塑占有十分重要的地位。西方美术崇尚的典范模式、庄重的艺术品格和严谨的写实精神，可以说都是从古希腊开始的。米隆创作于约公元前 450 年的《掷铁饼者》是古希腊雕塑艺术的里程碑，显示出希腊雕塑艺术已经完全成熟。雕塑突出了人体之美和运动所饱含的生命力，表现了作者高超的艺术技巧。虽然原作已经失传，但我们仍能从复制品中感受到那种生命力爆发的强烈震撼。

古希腊建筑开欧洲建筑的先河，后世许多流派的建筑师，都从古希腊建筑中得到借鉴。希腊建筑中最具代表性的是神庙。一般用大理石建造，各种石柱支撑，简洁典雅，从流传后世的帕特农神庙和雅典卫城的风格上可窥一斑。古罗马建筑承载了古希腊建筑风格，凸显地中海地区特色，同时又是对古希腊建筑的一种发展，在建筑形式、技术和艺术方面多有创新。

如果说希腊文化点燃了西方文明的最初烛光，后来的罗马文化则使得烛光变得更为明亮。虽然罗马人以暴力方式消灭了雅典、斯巴达和其他希腊城邦，但罗马人并没有完全排除希腊文化。恰恰相反，罗马人在很大程度上继承、吸收和融合了希腊文化，罗马文化因此变得和希腊文化一样光辉灿烂。无论是哲学、史学、神话，乃至文学、艺术，罗马文化都可以看成希腊文化的延伸和发展。从某种意义上说，罗马文化缺少自己独特的创造，但从更广泛的意义上说，罗马文化和希腊文化是珠联璧合、密不可分的。

(二) 基督教精神

基督教源于中东地区游牧民族以色列人的犹太教，后从以色列传向希腊罗马文化区域。公元 4 世纪，古罗马诞生了第一位基督教皇帝君士坦丁，在他的庇护下，基督教由屡受迫害的异教变成了正统国教。在中世纪的欧洲封建社会，基督教统治着整个西方世界，尤其是整个欧洲。基督教就是西方文化的归属标志和聚合力的集中体现。

从人性进化的角度讲，特别是在精神及其伦理层面上，基督教在古希腊的理性精神之外，提供了统一的、持久的超验信仰，对天堂的期待安抚着地上的苦难，信徒的良知反抗着世俗权力的蛮横，并通过圣徒的殉道和忏悔为人们提供道德典范。此类信仰与典范提升着西方的精神世界，也成为道德上凝聚社会的纽带，连接起世世代代的伦理传承。由基督教和古希腊形而上学结合而形成的超验伦理，在西方文明中具有超越世俗功利的价值，并逐渐演变为普遍有效的公德标准。

基督教的教义及其神学思想，对西方的人文学具有全面而深刻的影响。无论是神学、哲学、文学，还是绘画、音乐、建筑，只要是人文和艺术的创造，无一不打上鲜明的基督教印迹。可以说，基督教已经渗入了西方文化的血肉之中，特别是那种指向绝对价值的超越精神，已经成为西方文化的最醒目的标志。

西方人多数信仰基督教。他们认为，一个人一旦出生，上帝就赋予其做人的基本权利，即称天赋人权。人权的主要内容是自由权和平等权。自由包括思想信仰自由、言论自由、出版自由等。平等即指任何社会成员在人格尊严和法律地位上一律平等。除了自由权和平等权外，人权还包括生存权、财产极等。在西方人的骨子里，人的权利是需要敬仰的，需要遵守法律制度才能实现。西方人喜欢完完全全按照明确的规定办事。一个典型的例子是，从“摩西十诫”到查士丁尼的罗马法典再到现代法律，什么无罪、什么有罪及其量刑尺度，都事无巨细地用语言做了数学般精确的规定。但这种规定也存在着缺点，一项骇人听闻的罪行只要“法”无明载就可以逍遥“法”外，即便被告坦承罪行，起诉人还得不厌其烦地证明被告的犯罪行为。

基督教文化是欧美信仰基督教的国家在长期的历史发展过程中形成的，它以基督教神学的基本观念为核心，并融入了近代资产阶级传统，是惯常所说的“西方文化”中的本质部分。随着近代欧美资本主义兴起和殖民扩张，基督教实现了世界性传播，基督教文化也对世界各地区、各民族文化产生了深远的影响。当今世界，经济全球化大潮涌动，文化全球化也正在成为一种潮流，作为欧美等发达国家的主导文化——基督教文化，在这一潮流中居于明显的强势地位，并显现出文化帝国主义的特征和色彩。

（三）近代科学精神

在德国作家歌德的诗剧《浮士德》中，作者用“古典”的形式创造出一个崭新的，完全属于新时代的理想的人。主人公浮士德被赋予一种笃于实践的精神，一种不甘堕落、永不满足的探索精神。正是这种精神成就了西方源自文艺复兴时期科学昌明、文化鼎盛的时代面貌，“浮士德精神”也成了近代科学精神的代名词。随着西罗马帝国的灭亡，欧洲进入了漫长、“黑暗”的中世纪。这种黑暗是蛮族统治阶级建立的封建专制制度所造成的恶果，也是基督教成为控制西方人心灵的思想工具后带来的必然趋势。战争和阴谋是这种黑暗的最明显标志。基督教神权上层集团和世俗统治阶级的贪婪、虚荣和权欲，为他们的一次次屠杀、一次次掠夺和一次次阴谋作了最好的注释，也为普通民众无数不堪回首的痛苦经历提供了最好的说明。

在中世纪行将结束的时候，但丁在他的《神曲》中喊出“人生来不是为了像野兽般地生活，而是为了追求美德和知识”，表达了当时西方人对封建专制和神权统治的憎恶，也表达了人文主义者对新生活的憧憬。文艺复兴这场文化运动对近代早期欧洲的学术生活造成了深刻的影响。它于 13 世纪末从意大利兴起，在 16 世纪时已扩大至欧洲各国，其影响遍及文学、哲学、艺术、政治、科学、宗教等知识探索的各个方面。文艺复兴时期的学者在学术研究中使用人文主义的方法，并在艺术创作中追寻现实主义和人类的情感，涌现出一大批杰出的文学家、艺术家、思想家和科学家，为人类的文化和科学事业做出了重大贡献，也把人类文明推到了一个新的高度。

文艺复兴与宗教改革重视个人良心与自然的实现，与中世纪精神相比而言，更加使人的注意力由面向超越自然的公共的神而转向现实的特殊个人与自然，在追求神的宗教动机之外，肯定多方面的人生动机，由此一方面解决了中世纪精神的矛盾，另一方面也开启了近代文化的新精神。这种注重精神理想的客观化而形成客观理想，并诉求客观理想的实现的近代科学精神，一方面发展出近代自然科学，并以自然科学为基础改造自然；另一方面也发展出关于人类社会的哲学思想、各种社会科学，并以此要求改造社会，从而在精神方面为资本主义制度的确立开辟了道路。这正是近代西方文化精神的重大意义所在。

西方文化精神是希腊理性精神(以及与之紧密联系的罗马平等精神)、犹太-基督教信仰精神、近代科学精神的相互融合的综合体，在它们之间，既有后者对先前精神的继承，也有不同精神的矛盾冲突与融合。

三、西方文化的特征

人类学家认为，文化是“人为的环境”或“人改变了的自然”，是人作用于自然的结果。西方文化是西欧、北美人民长期历史活动的产物，它起源、发展、成熟于欧洲，20 世纪扩展到南北美洲、大洋洲等广大地区并影响了全世界，是一种扩张性文化。西方文化源于古希腊文化、罗马文化和希伯来文化， 由 14 世纪的欧洲文艺复兴运动、16 世纪的宗教改革、17 世纪的科学革命和 18 世纪的思想启蒙运动发展到 18 世纪末 19 世纪的工业社会，使西方文化日趋完善成熟。20 世纪中叶随着第三次技术革命的到来，一些西方国家开始进入后工业社会，西方文化也经历了从现代主义到后现代主义的演变。

总体来看，西方文化从其根源分析到其发展过程。西方文化的基本特征是指西方文化在其发展过程中表现出来的某种具有时空的中断性、普遍性、持久性和相对稳定的本质的精神。这些特征在不同的历史阶段有不同的形式，但就其本质上看是一致的，是贯穿始终的。据此我们可将西方文化概括为时空的中断性、个体性、激进性和开放性等几方面的特征。下面对这些特征进行具体的论述。

（一）中断性

在西方文化中，宇宙 universe 指的是空间存在，是空间存在的万事万物，并无时间的含义。古希腊人生活在孤绝无依的海岛上，与空间的自然抗争，追求的都是自我在空间的扩展和自我存在的价值。而中国古代的宇宙观既是时间的又是空间的，凡表示宇宙观这一类概念的名词都是时空统一的，如天地、世界。中国文化强调时空的连续性，如物质的时序变化、社会的兴衰递进、历史的继往开来、人类的传承发展。西方文化强调时空的中断性，中断性表述的是事物的有无状态、物质的秩序排列、社会的横向扩张、人类的生存竞争。所以西方人强调现实的生存竞争，而对继往开来并无多大兴趣。中国文化的时空观是以时间为主导；西方文化的时空观是以空间为主导。西方文化的空间主导型使西方人对空间的追求到了执迷的地步，只是在求证空间物体的运动速度时才想到时间；在追求最大效益、赚取金钱时才想到时间。在空间主导的理论体系下，时间被空间化。当然，任何人都不会没有一定的时间观念。众所周知，西方人对空间标定下的时间的重视是出了名的，因为时间与金钱、效益与效率紧密联系。他们认为，在有限的空间内，时间越短速度越快，资金周转带来的利润越多。

相对于中国的天人合一的思想，西方文化主张天人相分，二者是对立的关系。人要生存就必须从自然界中获取物质生活资料。为了征服自然，首先得认识它。

对自然界中的各种问题和现象的深入研究，使得近代西方人在对自然界规律的把握上远远领先于中国，这也是中国在封建社会末期开始落后于西方的哲学根源。

(二) 个体性

个体性是西方文化的又一个典型特征。这一特征从古希腊时代开始即已出现，到文艺复兴时期发展到相当完善的程度，经过工业经济和资本主义制度的发酵，进一步发展成为一种典型的文化状态。

所谓“个体性”就是指其文化意识形态中所提倡的个人本位。个体性强调对个人的人格、价值、尊严的肯定，对个人独立性的宣扬。或者从另一个角度理解，个体性就是反整体性的一种特征，它只强调个性的某些方面，而比较忽视总体的共性的某些方面。

从文艺复兴开始，个体性突出表现为对个人的人格价值以及个体尊严等多方面的肯定，对人的个体独立性的尊重与倡导。马克思对这种个体性从理论高度给予了肯定和尊重。在《共产党宣言》中指出：“代替那存在着阶级和阶级对立的资产阶级的社会的，将是这样一个联合体，在那里，每个人的自由发展，是一切人的自由发展的条件。”即肯定“人”的自由发展，这表明了马克思在一定程度上是接受了西方文化传统中个体性的观念问题的。西方文化的个体性，在思想上集中体现在它的人道主义传统上：人道主义强调“人”的共性，把“人”作为一个整体来考虑问题，不提倡“阶级分析”，不提倡“人与人斗”；在行动上集中体现在自由竞争上；在文学艺术上主要表现为对个人情感的抒发以及对个人主义层面上人格价值的肯定。

西方文化的个体性，以文艺复兴时期“个性解放” 的口号出现作为完整的表述。这一口号是对个体合理发展正义性的肯定，是对摧残人的禁欲主义的否定。在文艺复兴时期这一口号是反宗教、反神性的，其本质是提倡人性至高无上，反对神性至高。

对人的强调在西方文化中，可以说从古希腊时代就开始了。著名的悲剧作家索福克勒斯在他的剧作中说：“世上的稀奇珍宝真不算少，像人这样奇妙的却很难找。”从这里我们可以看出希腊的哲学十分重视人本身的研究。人是最重要的，普洛达哥拉提出“人是万物的尺度”。同样的思想在莎士比亚的《哈姆雷特》中也有表达，该剧写道：“人是多么了不起的一件作品！理想是多么高贵！力量是多么无穷！仪表和举止是多么端正和出色！论行动多么像天使！论了解多么像天神！宇宙的精华！万物的灵长！”因为人被强调，因而西方文化提倡从个人的感觉和经验出发来审视社会和一切知识，即以人为尺度来审视世界。例如达·芬奇说：“我们的一切知识全部来自我们的感觉能力，”又说：“经验是一切可靠知识的母亲，那些不是从经验里产生、也不受经验鉴定的学问，那些无论在开头、中间或末尾都不通过任何感官的学问，是虚妄无实、充满错误的。”这些都是西方人道主义的内容之一。

西方文化个体性的另一个重要特征是哲学思想和文学艺术的个人主观性。

先说哲学。近代欧洲哲学创始人之一的笛卡尔(法国)有一句哲学格言，即“我思故我在”。又一位英国哲学家贝克莱说“存在即被感知”。这种哲学观点集中地体现了个人主观性的哲学传统，持这种观点的哲学家我们还可以举出一些。

19 世纪晚期的象征派和 20 世纪初的印象派的作品也反映了个人主观性。这些作家的作品都在孤立地抒发个人内心的情感，而且把世界万事万物都涂上个人情感的主观色彩，在他们的笔下，万事万物都失去本来面目，变成诗人某种带感伤的，具有强烈个人情感的一种感受或印象，即以个人主义主宰诗境。印象派、象征派的画， 人们看不懂。诗，人们读不懂。这些流派的艺术家凭自己的主观意志进行创作，认为“感觉”是什么它就是什么。

第二次世界大战以后出现的存在主义思想更具有鲜明的个体性。第二次世界大战中，个人的价值、尊严、自由遭到侮辱和践踏，战后，有识之士思考并寻求对人的价值和尊严的复兴，于是存在主义应运而生。存在主义一面鞭笞惨无人道的法西斯主义，一面高喊对人的价值的复兴，因而颇得西方人的赞同和支持。事实上存在主义最本质的东西仍然是个人主义的，他们提出的人的本质、自由选择、责任感等问题都是以个人为本位的。

（三）激进性

进取性也就是激进性，所谓激进性是指西方文化在意识形态中所包含的一种昂扬精神、进取精神、开拓精神。这是西方文化突出的特征。这一特征的表现是多方面的，综括而论文学上表现出对英雄史诗的崇拜、对骑士精神的讴歌、对冒险行为的赞扬以及对狂飙突进式的运动的支持；在美学上崇尚阳刚之美、崇高之美；在哲学上以求“变”的片面的思辨，突破旧观念的平衡，取得新观念的跃进和突变；在艺术上崇尚动人心魄的悲剧性冲突、张扬运动和角力精神等。

造成西方文化进取性最主要的原因：一是商品经济的发展；二是民族的特殊性格；三是特殊的地理环境。

西方经济自古以来就不同于东方国家的经济。东方是大河流域的大农业经济，西方自希腊开始，工商业在经济上就占有极大比例，商品经济发达，而且发展迅速。西方资本主义产生以后，生产力出现了突飞猛进的发展，生产方式不断地变革，不像古代中国那样长期“男耕女织”。西方经济上的急剧变化导致人们观念形态、文化心理和一切相关的文化领域的急剧变化。马克思曾这样描绘资本主义时代西方社会观念的急剧变化：“生产的不断变革……一切固定的古老的关系以及与之相适应的被尊崇的观念和见解都被取消了，一切新形成的关系等不到固定下来就陈旧了，一切固定的东西都烟消云散了，一切神圣的东西都被亵渎了。”从文艺复兴开始西方文化观念就不断更新，而且更新的周期越来越短，新学说、新流派、新思潮风起云涌，构成了西方文化日新月异的奇观。

尚武是西方民族的特殊性格。这种民族性格对西方文化进取性的形成起着重要作用。西方人自希腊开始，就提倡尚武之风。这在古希腊的斯巴达表现是非常突出的，斯巴达人的母亲在送子上战场时就要嘱咐儿子：“要么拿着盾牌战死沙场，要么带着伤痕胜利凯旋。如果你从战场归来毫发无损，我将感到耻辱。”古希腊人生活中的军事体育锻炼，角力拳击，在运动会中提倡拼搏精神，人体雕塑对力的赞美……这些都是尚武精神的表现。及至罗马，尚武之风更盛，以至罗马人发展到以残忍的角斗竞技为乐；中世纪时尚武之风转变为“骑士精神”，所谓“骑士精神”就是武力冒险精神；近代这种尚武精神则转变为了革命暴力对旧势力强劲的摧枯拉朽的冲击力。法国资产阶级大革命时期理性的狂飙运动，巴黎公社起义的枪声，都表现了西方人大刀阔斧的勇气和气魄。对社会的革新，西方人少有如中国古代那样自上而下的温和的改良，更多地是发起革命，使用暴力。西方人相信改良只能触及社会的皮肉，而不能动其筋骨。

西方地理范围狭小，交通顺利，国与国之间易于发生关系，这也是决定激进性特征的一个重要因素。欧洲的地理环境使西方诸国长期处在互相争斗之中。欧洲的历史上，国与国之间战争频繁，所杀不断，中国古代虽然也战争频繁，所杀不断，但多是在中国一个国家范围内进行的，就中国一国之内而言，还是相对稳定的。欧洲人处在他们那样的生活环境之下要生存和发展，遇事必须当机立断，不允许如中国人那样“三思而后行”，这反映在文化上就不能讲四平八稳、犹豫不决，而必须雷厉风行。

（四）开放性

西方文化的开放性突出表现在其宽容的博爱精神和与外界的交流中不断地更新和增强自己这两个大的方面。当然宽容和博爱精神是就其主要时期的主要方面而言，而且特别表现在对外来学说、外来思想的态度上。而不断地更新和增强自己也只是就其基本的面貌和主流而言。

上述特点的形成与其特定的地理环境、历史特点和资本主义的发展的特有规律密不可分。

古希腊、罗马是欧洲文明的发源地。古希腊位于欧洲南部，包括今巴尔干半岛南部、小亚细亚西岸和爱琴海中的许多岛屿，海岸线长、岛屿多。因此，这一地区从很早开始航海业和对外贸易就相对发达，随着技术能力的发展这种特点得到了较迅速的发展。一方面，该地区在交通并不发达的年代同其他地区，特别是同古埃及以及东方各国就有了贸易的往来和文化的交流。这些古国的古老文明，对希腊文化很早就产生了影响，从而使它得到较快的繁荣和发展。另一方面，希腊的雅典等城邦的民主制政体的基础是自由民，在自由民阶层中所保持的相对自由和宽泛的政治气氛以及探讨学术的浓厚空气的形成也是希腊文化繁荣的原因之一。德国艺术史家文克尔曼说："古希腊艺术的繁荣有两个原因，一个是气候，一个是政治体制，就希腊的政治体制和机构来说，古希腊艺术的卓越成就的最主要的原因在于自由。在希腊，自由随时都有它的宝座。"

另外，欧洲诸国的特殊的地理环境和历史造成了欧洲文化的开放精神。因为这些国家，从远古的历史中国界的变迁、民族的迁徙，使他们对异族文化的接受与吸收成为家常便饭。有些国家如法国、意大利、西班牙、德国在古老的历史中本来就是一个国家，它们的古老习俗、神话和民间传说都有其一致性，这为它们之间的文化交流及相互往来奠定了深厚基础。欧洲各国的国界曾被封建王国的帝王严密封锁过，但由于这些王国的国土比较窄小，并不能形成与中国封建大帝国相似的那种自给自足的长期闭关锁国的自然经济条件，所以它们与外界的往来是不可避免的。后来由于彼此的侵扰和争夺使得原来的封建王国的封闭体很快解体形成一个与外界接触频繁的新局面。正如保尔·阿扎尔所说："然而，人使这些严格的边界变得模糊起来，因为人们随着征服、条约对属地的简单而明确夺取在改变着它们。这些栏杆或被人们向前推移，或被人们向后退缩，时而被取消，时而又被树立。旧的地图不再适用了，地理学家们不停地在制定新的地图。人们甚至想把整个的王国合并在自己的版图之内，于是彼此间不再有比利牛斯山的界限了。从此产生了内部的矛盾。欧洲是一个各种形态政治和文化要素的组合体，它宣称自己是不可触犯的，然而，它自己却在不停地触犯它。"

欧洲资本主义的发展，是西方文化发展的一个重要历史阶段。资本主义本身就充满着频繁的无休止的商品的交换，充满着资本主义的输出和原料的输入，为这种商业资本的交流和往来所促进的生产和科学发展，又为人类的交往和往来创造了越来越优越的条件。"越来越密集的航空线和航海线遍布整个地球，人们知道克洛代尔和马尔罗在中国，纪德在刚果。欧洲旅游的传统，出现了到北美(亨利詹姆斯、海明威)或到南美(阿斯图利亚斯、博而赫斯)转大圈子的新形式。"

人们不会忘记十字军东征的军人维勒·哈瑞所著的编年史资料里有多少东方智慧，忘不了参加意大利战争的杜蓓蕾先生从意大利的文化里吸取了多少对七星诗社有利的营养，忘不了文艺复兴时期蒙特涅从西班牙和葡萄牙的文化中所摄取的精髓，忘不了启蒙运动中的主将伏尔泰在受到路易十四卫团长洛安骑士的棍棒的敲打以后逃亡英国时，从英国文化中所吸取的丰富营养，也不会忘记法国的首都巴黎曾被它的大诗人阿拉贡赞赏地称为“世界公民的避难所”，它曾收留了来自几大洲的落魄文士，使他们安心在那里从事文化活动。这样的事实充满着整个欧洲的文化史、思想史和哲学史。

欧洲文化的开放性是欧洲迅速发展的一种文化生理的需要。

自从文艺复兴时代开始，欧洲这位资产阶级的文化巨人，便怀着便便空腹的巨大需要来吮吸世界文化的乳汁，来保证自己文化机体的迅速成长的迫切需要。尽管它这种做法有点不大体面和光彩，但它的成长对人类文化发展的促进确是有益的。

资产阶级的新生面临的第一个需要就是掌握人类的文化财富来保证自己的发展有一个良好的气候。文艺复兴中出现在欧洲诸国的古希腊、罗马文化热，正是这种迫切要求的鲜明表现。资产阶级不能凭空创造自己的文化，它必须全力、毫无保留地，搜罗一切封建的、奴隶制的乃至远古的古老文化来为自己服务。因此，在文艺复兴时期，欧洲各国所出现的文化繁荣和造就的无数辉煌的文化巨子都具有这种以希腊罗马文化为旗帜的鲜明特点。当时的许多诗人、作家，如莎士比亚、蒙特涅、龙沙、杜蓓蕾，首先是学之有素的饱学而博学的大学问家，其次才是一位诗人和作家。法国在当时成立了法兰西学士院，正是这一时期文化高度发展的标志和明证。可以说，文艺复兴是欧洲资产阶级文化高度发展的第一个里程碑。

欧洲资产阶级文化发展的第二个里程碑是启蒙运动。启蒙运动的最主要的目标就是扫除愚昧浅见、孤陋寡闻和鼠目寸光的封建残余势力，为资产阶级的登基加冕做舆论准备。所以当时的伟大思想家们在封建势力还相当强大的情况下奋力斗争。虽然伏尔泰、卢校等都屡遭迫害，但他们所做出的光辉业绩却在西方文化史上留下了不朽的英名。

启蒙运动的很大的一个特点就是打破了古典主义时代欧洲中心的传统文化偏见，大胆向东方，向一切文明的国家张开求援之手。启蒙运动的思想家们高举批判的旗帜对当时一切狭隘的偏见和一切思想束缚进行了顽强的斗争。用理性的光辉扫荡欧罗巴大地上的一切宗教的阴霾和封建残余的影响。卢梭说："人生来是自由的，但却无往不在枷锁之中。"为了真理，为了自由，必须同宗教的愚昧观念作斗争，必须大力宣传理性的崇高，他们所进行的不只是改良，而是一场天翻地覆的思想革命。保尔·阿扎尔说："18 世纪不满足于改革，它要打翻的是十字架，它要用革命取消的是上帝与人相通的思想，它要摧毁的是生活中的宗教观念。"为了达到这一艰巨而宏伟的目标，启蒙运动的思想家们大胆向东方文化吸取有益的知识和思想，来丰富自己的头脑，充实自己的著作，为自己的崇高理想而奋斗。

西方文化的开放性，使其在欧洲内部的国与国之间，在频繁的文化交流中互相促进互相融合，并逐渐转向对东方、对拉美的开放和交流，这种开放的精神作为一种西方文化的特征积淀在它的机体之中，形成与中国文化迥异的特点。它敏感尖锐、多变，更新的周期越来越快、越来越短。尤其发展到 20 世纪以后，其发展之状更有迅雷不及掩耳之势。

四、西方国家文化背景知识在英语学习中的作用

美国语言学家 Edward Sapir(1884—1939)在《语言论》中指出："语言不能脱离文化而存在，就是说不能脱离社会流传下来的，决定我们生活风貌和信仰的总体。"语言和文化是互相渗透、紧密相连的。如果想要学好一种语言，就必定要对使用这种语言国家的文化有一定程度的了解。因而，教师在传授英语语言技能的同时，还应该传播英语国家文化背景知识，从而提高学生的语言理解能力及跨文化交际能力。"如果学生根本不知道一种语言的文化习惯，那么他就不会使用那种语言，尽管他的语音和语法都很好。"下面将简单阐述英语国家文化背景知识在英语学习中的作用。

(一) 有助于掌握英语语法

语法是语言表达方式的小结，它揭示了连字成词、组词成句、句合成篇的基本规律。文化背景不同，语言的表达方式各异。英语注重运用各种连接手段达到句子结构和逻辑上的完美。我们常说的英语重形合，汉语重意合，西方人重理性

和逻辑思维，汉民族重悟性和辩证思维。让学生了解这种思维习惯上的文化差异，体会其对语言表达方式的影响，对于学习英语语法，减少中国式英语的错误是有帮助的，可提高学生英语表达的准确性。

(二) 有助于跨文化交际能力

学习语言的目的在于运用语言进行实际交际。运用一门语言进行实际的交际，不仅需要掌握足够的语言知识，而且还需要了解目的语国家的文化背景。中国学生在学习英语的过程中都能深切地体会到中西方文化差异所带来的交流障碍。由于中西方文化在价值观念、思维方式、生活方式、道德标准等方面存在差异，这些差异势必影响到语言的运用。学生在用英语交流时，往往按照本民族的习惯进行表达，造成语言使用不当的现象。比如，英语国家文化强调以个人为中心，重视个人隐私权，而中国传统文化以集体为中心，对集体有强烈的归属感。所以，在中国，询问别人的年龄和婚姻状况是一种友好的表现，但在西方国家尊重别人的隐私，一般不打听对方的私事、年龄、收入、住房、婚姻状况；打招呼时，不明知故问，也不问别人是否吃过饭了；对别人的称赞要表示感谢等，不然会招致别人的误解和不快。另外，中西方的家庭观念也各不相同。在中国几千年的传统文化中，家庭成员之间的关系、地位、义务和权利已成为其重要的组成部分。所以在中国有“子从父，妇从夫”一说。而在英语国家，基督教道义的影响使人们的家庭观念淡薄，家庭成员之间的关系也较松散。父母与子女之间只是监护与被监护的关系。一旦子女成年，这种关系便自动终结，双方无须为对方承担任何责任与义务。由此可见，英语的灵活运用是以文化的充分了解为基础的。

(三) 有助于英美文学作品的学习

英美文学作品的学习和鉴赏是英语学习的一个重要方面，同时也是英语学习的难点之一。而文学是文化的一种表现形式。当然，英语的阅读能力是一种综合的能力，英语文章的体裁各式各样，这里就包括一定的背景知识。有些文章，虽然在阅读的过程中没碰到一个生词，没有语法障碍，但是若没有一定的文化背景知识，你就不知道在讲些什么，就很难理解英语国家的文学作品，也就很难体会到英语这种语言在文学作品中反映出的艺术魅力。在英美文学史上，欧洲文艺复兴运动是其发展的一个重要因素，它将西方文学推到了一个更新更高的位置上。所谓文艺复兴，就是将古希腊文化重新发掘出来并加以深入地研究和广泛地传播，极大地丰富了西方的文学艺术。许多优秀英美文学作品的构思都来源于古希腊的神话传说。英语学习者要想真正地理解英美文学作品，就必须了解其源泉——希腊神话，它是整个西方世界的摇篮文化。

（四）有助于英语习语的理解和掌握

语言中的词汇与民族文化密切相关，而习语则是词汇中对民族文化发展变化最为敏感的部分。习语作为语言的核心和精华，与一个民族的地理环境、历史背景、风俗习惯、价值观念、宗教信仰等密不可分。在所有这些因素中，宗教信仰是最具影响力的。众所周知，基督教是英语国家最主要的宗教信仰。英语习语大多来自基督教的“灵魂之作”《圣经》。这是一本所有英语学习者和英语爱好者不得不读的书。它对西方的历史和文化，特别是语言，产生了重要的影响。由《圣经》中的故事衍生了许多脍炙人口的英语习语。

综上所述，英语国家文化背景知识在英语学习中的重要性是显而易见的。因为英语语言知识是以英语文化背景知识为载体的，所以，掌握更多的英语文化背景知识，对于运用英语思维、提高交际能力的作用是不言而喻的。

第二节　英语民族的思维模式

所谓思维模式是指人类看待事物、观察世界并进行认知、推理的基本模式，它包括思维形式、思维方法、思维路线、思维顺序以及思维倾向等基本要素。它是最为隐含的文化内涵之一，是一切文化特别是交际文化的深层基石。思维方式体现于民族文化的各个领域，诸如物质文化、制度文化、精神文化和交际文化等。思维方式的差异，亦正是造成文化差异的重要原因之一。而且思维方式又与语言密切相关，是语言生成和发展的深层机制，语言又促使思维方式得以形成和发展。

我们可以说，民族思维特征反映并且表现出民族文化的特征。民族思维模式是沟通民族文化和民族语言的桥梁。思维模式的差异，也正是造成语言形式差异的一个重要原因。因此，要研究语言的特征及其转换，要研究语言和文化的关系，便有必要研究与语言和文化有密切关系的思维模式。

一、西方人强调客体

客体和主体是哲学上的两个概念，两者往往是相对而言的。客体指主体以外的客观事物，客体是主体认识和实践的对象。西方哲学思想主张的是理性，其前提是将客体与主体相分离，对事物进行理性的分析思考和判断，从而形成概念。例如，亚里士多德认为“求知是人类的本性”。培根推崇“知识就是力量”。西方人以认知自然为视觉焦点，崇尚自然、认识自然、探索自然，最终征服自然，主宰宇宙。这种物本文化的长期积淀则演变形成了西方人客体型的思维模式。

汉民族较注重主体思维，而西方民族则较注重客体思维。这两种思维模式差异在语言上表现为，汉语常用有灵主语，即用有生命的人和动物所充当的主语(或潜在的主语)；而英语则常用无灵主语，即用无生命的物体或抽象概念所充当的主语。汉语较多使用主动句，表达较主观；而英语中被动句的使用频率远远高于汉语，表达较客观。

英语中广泛使用被动态，尤其是在科技文章、报刊文章中，汉语的被动态使用的范围相对就很狭窄。而汉语中常用主动语态，并以主动语态表示“隐含”的被动意味。即使在不以指称人的词为主语的句子中，也认为其中实际上“隐含”了人这一主体。

二、西方人重个体思维

整体思维是指在思想上将认知对象的各个部分联合为整体，将它的各种属性、方面、联系等结合起来。而个体思维则指在思想上将一个完整的认知对象分解为各个组成部分，或者将它的各种属性、方面、联系分解开来。

西方文化坚持“天人相分”即“主客相分”的哲学观点，认为人是万物的中心，人与自然相对分立，人应处于支配和改造的地位。西方人主张把自然界的各种事物或过程分解为不同的部分，把具体、个别的问题从总体中分离出来，然后一个部分一个部分地进行研究和分析。这种认识方法正是分析思维的表现和特征。这种思维模式的差异必然会影响到各自的语言表现形式。英汉造字构词方式的不同也恰恰体现出中英思维模式的个体性特点。

三、西方人重抽象思维

形象思维指人在头脑里对记忆表象进行分析综合、加工改造，从而形成新的表象的心理过程。而逻辑思维是运用概念进行判断、推理的思维活动。

西方人所擅长的思维形式则是与外部世界的客观事物的物象相脱离的抽象思维，是基于逻辑推理和语义联系的逻辑思维。西方人抽象的逻辑思维很发达，热衷于建立概念体系、逻辑体系。西方语言使用拼音文字，“强调了人的智力运行轨迹。它的书写形式造成一种回环勾连，如溪水长流斩而不断的流线效果，容易诱导人们去注重事物的联系性。这种状态和语法形式共同起作用，极大地强化了印欧语系民族对事物的表面逻辑联系的感知能力。抽象的书写符号和语音形式与现实世界脱节，容易迫使印欧语系的民族在更多的场合脱离现实世界来进行抽象的纯粹借助于符号的形而上思考。”经过数千年的演变，人们逐渐形成了脱离现实世界的物象而纯粹借助于文字符号及其语义联系的抽象思维。有学者又称之为“理性思维”即“借助逻辑，运用概念、判断、推理等思维形式，探索、揭示事物的本质和内在联系，具有逻辑性、抽象性、客观性、分析性、确定性等特征”。

英语中，思维的抽象特性强调的是理性分析，注重的是形式论证。这种思维特点具体表现在英语语言的表达形式上即注重语言形式的衔接，通过借助语言形式和词汇(如连接词)来完成词语和句子的连接。例如“He’s not honest，so he is not fit to be a cashier.”(他不老实，不宜当出纳员。)，原文中的“so”是不可或缺的，但是从汉语行文的角度看，“他不老实”足以说明“他不宜当出纳员”的原委，再用“所以”则嫌多余。在翻译过程中，将“so”和作为共同主语的“he”省略了。

而汉语具象性的思维模式强调的是含而不露，因而汉语一般不依靠语言形式，而是借助词语或是句子暗含意义的逻辑关系来实现连接，这就是“意合法”语言的特征。例如“老师在等我，我必须走了。”此句汉语中的前因后果关系是内在的，根据汉语习惯是不必说明“因为”“所以”的。但是从英语行文的角度看，若不考虑表明两个句子之间的联系，则译为“ My teacher is expecting me， I must be going now.”是不可接受的。所以要添加连接词“ because”或“so”以体现句子的连接关系。

四、西方人重逻辑实证性

西方人理性思维发达，具有严密的逻辑性与科学性，因此非常重视形式逻辑；汉民族直觉思维发达，具有较强的情感性和直观性，因而更加重视辩证思维。这种思维差异在语言上表现为，英语重“形合”，即注重运用各种有形的连接手段达到语言形式的完整，其表现形式严格地受逻辑形式支配；汉语重“意合”，词与词的组合，句子与句子的衔接，常常是通过意念的方式来达到辩证思维的目的，句法功能呈隐含状态，有时显得松散，但内在逻辑的流动又非常清晰。美国著名翻译理论家奈达在其《译意》一书中指出：就英语和汉语而言，也许在语言学上最重要的一个区别，就是“形合”和“意合”的对比。

英语是分析型的理性语言，句中的词语或分句之间用语言形式手段(如关联词)连接起来，其关联照应手段是显性的、多样的；而汉语是综合型的直感语言，多数情况下疏于语法(少用甚至不用形式连接手段)，注重以神统形，其关联照应手段是隐性的，语法关系要靠读者或听者自己去领会，尤其在表现动作和事物的关系上，几乎全赖“意会”不靠“言传”。诚如著名语言学家王力先生在其《中国语法理论》中所言：“西洋语的结构好像连环，虽然环与环都联络起来，毕竟有联络的痕迹；中国语的结构好像无缝天衣，只是一块一块地硬凑，凑起来还不让它有痕迹。西洋语法是硬的，没有弹性的；中国语法是软的，富于弹性的。惟其是硬的，所以西洋语法有许多呆板的要求，如每一个 clause 里必须有一个主语；

惟其是软的，所以中国语法只以达意为主……如相关的两件事可以硬凑一起，不用任何的connective word。”英语句子无论怎样变化，句法形式主要为主谓提挈，多枝共干，树形结构，强调主谓配套，时态呼应，成分定位，有形连接；但汉语句子则为波浪形结构，整个句子由一个一个独立的子句按时间顺序或逻辑顺序层层推进，呈流水样态，包含着内在的逻辑脉络。形象地说，英语的句子仿佛是参天大树，枝杈横生；汉语的句子仿佛是万顷碧波，层层推进。

五、西方人注重直线型思维

以个体性为基点的西方思维模式，把复杂的事物分解成独立的结构要素，逐个进行研究，因而更多强调逻辑分析，注重形式论证。在观察事物时，采用焦点视思维方式，思维模式呈线性。这一差异也同样是汉英两种语言文字诱导暗示的结果。

西方语言的拼音文字则不易勾起人们对现实世界里事物形象的想象或联想，因此，西方人在长期使用线型连接和排列的抽象化的文字符号的过程中，思维线路逐渐发展成直线型，具有明显的直接性。莉奈尔·戴维斯曾指出：“一篇西方人撰写的论文总是有一个固定的中心论点，文内的所有细节都按照与该关注点的关系进行安排。作者的见解往往在文章的开头部分就已强烈地表达出来。”就是说，在大多数情况下，西方人撰写文章总好开门见山、直奔主题，每一段的第一句往往就是主题句，其后围绕该主题展开阐述或举例论证。可见，西方人语言表达直截了当、干脆利落、态度鲜明。西方人宇宙观主张“天人相分”，认为事物之间是独立的，一切都在向前发展变化。所以直线型思维的西方人认为，说话、写文章的时候直接表达必定优于间接表达，并且说话人的立场应一贯保持，不能用无关的信息掩盖真实的观点。这一点也直接影响到他们在日常交际中的表现，无论是在国际外交、商务谈判还是日常生活中，以英美为代表的西方人在接人待物时，总是表现得较为直接、外露、大胆、开放，语言表达直截了当、干净利落、态度鲜明。例如，在进行商务谈判时，他们很少有寒暄之类的过场或旨在拉近关系的酒宴，而是开门见山、直奔主题。

第三节　英语民族的基本价值观

价值观是指一个人对周围的客观事物(包括人、事、物)的意义、重要性的总评价和总看法。这种对诸事物的看法和评价在其心目中的主次、轻重的排列次序，就是价值观体系。价值观和价值观体系是决定人的行为的心理基础。人们所处的自然环境和社会环境，包括人的社会地位和物质生活条件，决定着人们的价值观念。处于相同的自然环境和社会环境的人，会产生基本相同的价值观念，每一社会都有一些共同认可的普遍的价值标准，从而发现普遍一致的或大部分一致的行为定势，也有人称为社会行为模式。

需要指出的是，每一种文化，尤其是每一种民族因其成员构成的复杂性，往往会拥有多种多样的价值观。西方人包括众多的民族，这些不同民族的文化之间当然存在不小的差异；不过，在许多主要观念上他们还是大抵一致的。下面我们就来探讨一下英语民族的西方价值观的基本内涵与形成原因。

一、“自助者天助”

崇尚个人主义的价值取向在西方早已深入人心。美国科学家本杰明·富兰克林在其著作中把个人主义具体化，指出“自助者天助”。曾两度出任英国首相的丘吉尔把个人主义描述为：“我们从我们父母那里得到的只有我们的名字而已，不是财产。我们必须寻找机会，我之特殊不是继承来的，而是我通过拼搏取得的。”可见，英美人士的个人主义观念——individualism，准确地说应为个性主义、人本主义，是指十分尊崇个人价值、看重个人利益、强调个人作用、鼓励个性张扬乃至提倡个人奋斗、崇尚拼搏进取的观念。这种观念与汉语语境下的“个人主义”有天壤之别。

早期从欧洲来到新大陆的移民，希望摆脱当时欧洲社会的王权、神权和贵族政治，建立一个独立自由的殖民地。经过漫长的历程，他们获得了成功。1776年，一个新的国家——美利坚合众国建立。他们摒弃了王权政治，宣布将权力交与人民。在 1789 年通过的宪法中，他们主张政教分离，限制教会对政府的干涉。同时，在宪法中规定，任何人不得拥有贵族头衔，从而杜绝贵族社会的存在和发展。这些早期移民的决定对美国社会特性的形成具有深远的影响。通过对政府和教会权利的限制，以及取消贵族社会，他们创建了一个以个人为本位的自由社会，合众国的成立与个人自由的理念紧密相连。个人自由在所有的美国价值观中最为基本和重要，一些学者和外国的研究人员常常称之为“个人主义”，但美国人更愿意用“自由主义”这个词。以自由主义为本，美国人认为每个人均可根据自己的意愿和能力主宰自己的命运，而不受任何外部力量，包括政府、教会贵族阶层或其他任何机构权威的控制。

这种崇尚自我依靠的理念作为最基本的价值观一直延续到今天。大多数的美国人相信只有自我依靠才能获得个人自由。如果过多地依靠家庭、政府或任何机构，他们将失去自己所期望的自由。如果一个人想要融入美国的主流社会——有权力和受尊敬，他就必须是自立自强的人。尽管一个人从慈善机构、家庭或政府获得救助是允许的，但是他将很难获得人们的尊重。

二、“金钱永不眠”

欧洲学者在研究西方发达国家竞争力比较中发现，国家竞争力取决于一国创造财富的能力。财富是价值观的外显行为。美国、英国等国家之所以拥有强大的竞争力，主要来源于其努力创造财富的价值观。

过于看重物质财富往往被称之为“物质主义”，但大多数的美国人认为这个词具有攻击性，说一个人是物质主义者是对该人的冒犯，就等于说该人崇拜物质财富而没有宗教信仰。我们应当承认美国人有其他的价值信仰和理念，然而，获得并维系相当的财富对大多数美国人而言是相当重要的，因为物质财富已经成为一个广泛接受的、衡量一个人所处社会阶层的标准。由于摒弃了王权、神权和贵族体制，金钱就成为评判人生成功、区分美国社会阶层的最重要甚至是唯一的标志。对物质财富的追求，对金钱的崇拜也就成为美国人的一个基本价值观。

追求物质财富必须付出代价，那就是努力工作。当早期移民来到北美大陆时，这块处女地丰富的自然资源都处在未开发的状态，只有勤奋地工作才能将其转变成可资利用的财富，获得舒适的生活。在美国人看来，物质财富是对努力工作的奖赏或回报。在某种程度上，物质财富可作为唯一可以感触的证明，来检定一个人是否努力工作。在18世纪晚期，美国的宪法之父詹姆斯·麦迪逊就声称物质财富的多少反映了个人能力的差别。直到今日，多数美国人仍然信奉努力工作的价值观。他们主张人们必须拥有正当的职业而不依赖政府的福利。20世纪90年代，美国的福利制度遭到严厉的批判，比如那些不结婚或不愿意找工作而只是生了许多孩子靠政府接济来生活的所谓“福利妈妈”就招致了人们普遍的不满。

三、唯“理”是从

这里的“理”即理性、公理。西方理性精神孕育于古希腊文明，经过与古罗马文明的融合，在欧洲文艺复兴时期得到进一步的张扬，并伴随着资本主义市场经济和社会化大生产的发展而渐趋成熟。西方的理性精神与其他文明的理性精神有显著的不同，其突出特点就是数学理性的发达。数学理性的基本内涵是，在对自然界的研究中，应采取客观的、定量的、超验的、简单的思维趋向；追求确定性的知识；注重演绎推理。可以说，数学理性是西方理性精神的核心。人们常说：“公理必定战胜强权”。这句谚语就反映了数学文化对西方法律文化的影响。

早在古希腊，柏拉图就提出公理与强权的关系问题。启蒙运动时重提此问题，使这个古老问题在新的知识背景下重新展开。古希腊人偏爱演绎推理，他们认为通过演绎推理可以得到永恒的真理。在进行演绎推理时，古希腊人从不言自明的、无人怀疑的公理入手。柏拉图认为公理不需要实践，人在出世前有过精神的经历，通过回忆就可认识到公理的真理性。亚里士多德虽然不这么认为，但他坚定地认为公理是可以理解的原理，它符合人们的思维而无需怀疑；公理凭人们的直觉即可认识到其是真理。亚里士多德创立了三段论，奠定了公理化方法的基础。在人类史上，第一个创立公理化方法而建立整套严密理论体系的人是数学家欧几里得。随着《几何原本》的广泛流传，公理化方法得到普遍的应用，公理精神伴随着公理化方法的应用而得到了传播。由于西方数学处于文化体系的上层，公理化方法很快越出数学领域，成为整个自然科学中各门学科进行体系建构的方法典范。在近代的西方，除了自然科学外，社会科学内的政治学、法学、经济学、论理学等学科，都曾运用公理化方法进行过学科体系建设。可以说，现代西方人经常挂在嘴边的一些法律原则就是近代法学家受公理化方法的启迪而确立下来的“公理”。另外，公理化方法还使西方近代法典的体系更加严密。《美国宪法》等西方近代著名法典，体系之所以极为严密，一改古代法典体系松散的特点，其原因就在于这些法典无一例外地都采用了公理化方法，有的法典虽然洋洋数千条，但并不显得拖沓、松散、累赘。可以说，公理精神已渗透到包括西方法律文化在内的整个西方文化中去了。

四、“人之初，性本恶”

“人之初，性本善。性相近，习相远。”这是中国传统文化与伦理道德的启蒙读本《三字经》的开篇，其基于孔孟之道的人性判定对以中国人为代表的东方价值观产生了极其深远的影响。然而，西方人的观点却与之大相径庭。显然，他们认为，人之初，不是性本善，而是性本恶。西方人对人性的认识之所以与东方人截然相反，是各自的宗教信仰使然。东方人，尤其是中国人深受儒教与佛教的虔心向善说影响：而西方人则受基督教“原罪说”影响至深。

一般说来，基督教文化是一种“罪感”文化。“罪感”意识是基督教的基本精神，也是西方文化的重要特征。从基督教诞生以来，西方人就时常被“罪感”意识所缠绕，认为人生来就有“原罪”，并基于此而有了负罪感和忏悔感。原罪说深刻的教育意义在于它是基督教建立宗教信仰的根基。在基督教教义中有两个最根本的概念就是上帝和原罪，上帝是信仰的源泉，原罪则是上帝与人联系的中介。由于原罪，上帝与人的关系变得丰富了；也由于原罪，世俗世界的意义从此展开。人们基于对原罪的信仰形成了一种具有罪感和赎罪意愿的“团契”意识，并形成一个虔诚的“团契”组织，这就是教会及信徒组成的基督社会。除了这种宗教意义之外，原罪说也具有深刻的社会学意义，它的出现对人类认识犯罪现象产生了极其重大的影响，甚至可以说是人类理性认识犯罪现象的开端。

英美人士时常挂在嘴边上的诸如平等、自由、人权等旗帜性口号都能在基督教神学思想中找到其最初的原形。原罪说在某种意义上可视为协调西方人类关系的一种努力，因为你生而有罪，故你对自然要谦卑，对别人要宽容，善待异类。在历史上，原罪说对化解西方人类的危机曾起到很大的作用。

五、“不自由，毋宁死”

《不自由，毋宁死》这篇脍炙人口的演说词在美国革命文献史上占有特殊地位，“不自由，毋宁死”的口号曾激励了千百万北美人为自由独立而战，这篇演说词也成为世界演说名篇。自由和自由主义一直是西方政治哲学的“主旋律”。它既是一种学说，一种意识形态，又是一种运动。它的理论内涵大体上由欧洲近代启蒙思想家所倡导的个体主义、自由、平等、民主、社会契约理论等若干原则构成。

从学科划分和专业领域上讲，自由有思想家们所讲的人文科学意义上的抽象自由与政治学、法学领域所讲的作为权利应当享有的具体自由和与作为权利已经享有并付诸实施的行为自由之别。对于近代西方以来的人文科学层次上的抽象自由，我们至少可以从以下四个层次来理解：①人类经过启蒙摆脱中世纪的神性霸权话语本身和话语霸权的传统而获得的独立个体意识。这种意义上的自由就是指个性的解放和个体性的获得，就是指“自由人的价值”并从这里引申出后来作为一个文化人(知识分子)在思想上应当具有的“独立性和开放性。”②是纯粹认识论范围内的自由。这种意义上的自由，源自启蒙以来人类对外在世界进行探索的科学精神，自由就是对自然存在物所内含的自然因果性(自然必然性)的认识和把握，就是对自然规律和“自然科学化”了的所谓社会的规律的掌握。我们许多人对“自由是对必然的认识”这一命题的误解，就是由于单纯停留在对这种意义上的自由的理解而造成的。③从康德的“人作为实践理性存在”那里引申出来的意志自由，即对康德所说的“自由必然性”的认识。它涉及的是道德、法律等实践理性领域中的“必然性”法则。④存在于人类理想中的，只有在未来的“大同世界”和“千年王国”中才可能付请实现的，一种“至善”自由的状态或社会境界。至善的自由境界在一定意义上有点类似庄子所追求的另一种离世超凡的极高“境界”。只不过庄子言及的是一种人生境界，而西方的理想家们幻想的是一种人类社会境界而已。

与上述自由不同的是一种人们要求在现实政治和法律生活中应当享受的、人之为人天生就具有的、作为自然政治权利来享有的自由。这种自由在英语中是用不同于 freedom 的另外一个词 liberty 来表示的。这种意义上的自由，在逻辑上起源于启蒙思想家们所创设的自然权利(natural rights)，而后者又植根于源远流长的自然法传统。“天赋人权”遵循的逻辑是，正因为每个人应当具有一个作为人类在这个世界上生存(维持生命)的权利；正因为每个人是人，所以他就应当按照人的本性去发展，而人的本性就是对自己的生活方式做出思考，并力图寻找出一种较为妥当的方式去满足他们自身的需要、表达他们的思想与情感；也正因为每个人理应都具有生存的权利，具有按自己的方式进行思考和情感表达的权利，因此，每个人都是平等的和自由的。

从以上对当代西方自由主义及其渊源的叙述可以看出，西方自由主义是一种讲求规则的学说，是一个动态开放的概念，西方自由主义的历史就是寻求用以很好地界定并维护个人与政府之间权利(力)关系的某种正当规则的历史。

在现代西方社会占据主导地位的是个人主义或人本主义的价值观，这一价值观让许多西方国家在较短的时间里创造了大量的财富，同时也出现了形形色色的问题。面对资本主义发展中的深刻危机，现代西方许多学者已经开始在从哲学上反思历史，思考未来。其中包括重新审视西方社会的主导价值观，提出适应新世纪的新价值观。至于这种价值观的反省能否解决西方社会的根本问题，还有待于进一步的观察。

第三章 英语语言文化多维度研究

第一节 英语姓名

姓名是社会上每一个独立的个体所特有的标志，是现实生活中与每个人相对应的特定指称。姓名总体上是区别性符号，然而，姓名既是历史，也是文化，既是故事，也是画卷。它们反映当时当地的经济发展状况、思想文化传统及人们的风尚习俗，内涵丰富，引人入胜。英语姓名的文化内涵极其丰富，诸多姓名不但折射英语国家的历史文化，反映某个时代特征，而且还寄寓着人们的情感和希望。透过英语姓名这个窗口，我们可以深入地了解英语民族特有的文化风貌。

一、英语姓名的构成

英语国家的姓名一般由“名”+“姓”两部分组成，其排列顺序正好与中国的“姓”+“名”相反，例如 Mary Robinson(玛丽•罗宾逊)中，Mary 为名，Robinson 为姓。也有人有两个或两个以上的名，按照首名(First Name，简称 FN)+中名(Midde Name，简称 MN)+姓(Last Name，简称 LN)的次序排列，例如 Linda Jane Smith(琳达・简・史密斯)中，Linda 为首名或教名，Jane 为中名，Smith 为姓。英美人在大多数情况下只使用一个名字，即首名或教名，它们是孩子出生后接受洗礼时命名的，一般由父母或牧师来取；只有在办理公务或签署文件时才使用中名甚至第三个名字，中名多是以父母亲朋的某个名来命名的，表达了本人与父母亲朋之间的关系。

二、英语姓氏来源

中国人很早就有姓，而且把姓视为血缘关系、传宗接代最重要的标志，以姓聚族而居，建宗祠、立家庙。可是，英国人在历史上很长一段时间内却只有名而没有姓。翻开英国文学史，这种有名无姓的现象在古英语作品中可以很容易地观察到。在基督教经典《圣经》中，人类始祖亚当、诸多圣徒或人物也是只见其名未见其姓。

这种只有名没有姓的情形一直延续到10世纪。为了避免重名，人们一般采用副名加以区别，即在名字后面加上修饰语，说明该人或其祖先的居住地、职业、地位家系、身体或性格特点等，由此构成了英语姓氏的基础，也是英美人士名字在前姓氏在后的缘故。在很长一段时期，姓氏是因人而异的。兄弟异姓，个人因时易姓的现象，并非少见。后来，由于社会发展的需要(如继承田产)以及威廉1066年征服英国后的影响(法国诺曼底人的姓氏是世袭的)，这些修饰语便逐渐固定下来，到了14世纪末终于演变成世代相传的姓氏。16世纪英国文艺复兴时期，基督教要求对姓氏进行登记，姓氏才得到普遍使用。

英美人在给孩子取名时是很慎重的，并受他们的文化习俗和价值观的影响。所以，看似简单的英语姓氏却能体现出各自不同的身世或文化背景。英语姓氏是种超越时空的文化现象，可谓研究英语民族社会历史文化的活化石。但有一点和我们是截然不同的，他们经常以父母亲朋或自己的名字为孩子命名，比如美国前总统罗斯福给儿子取名为 Franklin Roosevelt Junior(小罗斯福)。

第二节 英语称谓

称谓语即人们在交际中用于称呼对方的词语，具有重要的社会功能。它是称呼者对被称呼者的身份、地位、角色和相互亲疏关系的认定，起到保持和加强各种人际关系的作用。每一种语言，经过长时间的发展和演变之后，都会形成各自独特的称谓体系和使用规范。称谓语是社会语言学家较早开始关注的言语行为，因为在每种语言中，在每个社会中，只要人们相互交谈，就涉及如何称呼对方的问题。称谓语一般分为社交称谓语和亲属称谓语两大类，前者指对亲属之外所有其他人的称呼用语，后者指对亲属的称呼用语。

一、社交称谓语

从社会语言学的观点来看，社交称谓语具有极其丰富的社会和文化内涵，是社会中权势性和平等性的象征。“权势性”指上下或尊卑关系，也可依长幼、职业差别、教育高低等情况来定；而“平等性”则指平等关系，可指经验的共享，社会特征(宗教、性别、年龄、出生地、种族、职业、志趣等)的一致性，彼此关系亲密等。

二、亲属称谓语

亲属称谓语有正式和非正式说法，例如 father(父亲)和 dady(爸爸)。在书面语、正式场合和间接称谓中，一般用正式说法，如“祖父”(grandfather)和“祖母”(grandmother)。在口语、非正式场合和直接称谓中，一般用非正式说法，如“爷爷”(grandpa)和“奶奶”(grandma/granny/grannie)。英语和汉语中，长辈直接称谓晚辈，经常称呼名字，而不常使用亲属词。汉语中，晚辈直接称谓长辈，一般总是要使用亲属词而不能使用名字。如果晚辈用名字直接或间接称呼长辈，会被认为是不敬的表现。但是英美人在未成年时除使用亲属词称谓长辈外，有时也可以称呼名字(first name)。例如，小孙子可以直接称呼他的老爷爷为 Tom 或 George，而不一定非叫 Grandfather 或 Grandpa。英美人在成年后更多使用名字称谓长辈，而很少使用亲属词。这点和中国人有很大的不同。

在亲属称谓方面，汉语民族主要受其宗法血亲关系的制约。中国人习惯用表示血亲关系的名词去称呼家人亲属，甚至会将此类称呼用于朋友和陌生人，以示亲近。而西方人则很少这样做，中国人很难想象美国孩子竟会对其长辈直呼其名。英语亲属称谓仅用 13 个名词和几个修饰词就可以反映所有的辈分、同胞、血缘关系，而汉语亲属称谓男女有别，长幼有序，血缘关系的远近疏密泾渭分明，因此要远比英语亲属称谓复杂得多。

三、称谓语的使用

总的说来，称谓语的使用有两种模式，即对称性模式和不对称性模式。美国的社会语言学家 Brown 和 Ford 曾经收集了不同职业的人在工作场合交谈的大量资料，通过对这些资料的研究发现大多数情况下说话双方都采取对称性模式，即双方都使用名字或者都使用称谓加姓氏来称呼对方。通常朋友之间、关系比较亲密的人之间使用名字，而对刚刚认识的人或关系比较疏远的人使用称谓加姓氏。不对称性模式是指谈话中一方用名字称呼另一方，而另一方却用称谓加姓氏来称呼自己。采取何种称谓取决于两个因素：权力(社会地位)和人与人之间的亲密程度(社会距离的远近)。谈话中社会地位或级别较低者对上级所使用的称呼是不对称的，体现了对上级的尊敬。同样的称呼如果用于地位相近的人，则体现彼此之间关系比较疏远，并且显得非常正式。同样，在不对称性模式中上级对下级所使用的称呼也是其权力的体现，同样的称呼如果用于同级别的人，则表明彼此之间社会距离较近，亲密，也显得非常随意。

在某些情况下，尤其是在双方经过一些接触，相互有了一些了解，关系发生变化之后，即使是以英语为母语的人也无法确定用何种称谓合适。这时，通常是地位高的人先从正式称谓向非正式称谓转换。如果年轻人或地位较低的人无法确定是否也要使用非正式称谓，这时，最明智的做法就是采用零称谓(Brown 和 Ford 称其为 no-naming)，即避免使用任何称谓。实际上这种做法在讲英语的人当中相当普遍。初学英语者对于在纷乱复杂的语境中如何称呼往往不确定，如果能够巧妙地使用零称谓，就可以避免一些不必要的尴尬和麻烦。作为英语教师向学生解释清楚这一点，无疑将对学生很有帮助。

第三节　英 语 地 名

地名是语言词汇中文化载荷量较重的成分。作为历史文化的产物，地名深深地烙上了社会变迁的痕迹，以及一个民族所特有的文化特征。随着语言文字的产生，人们根据自己的观察、认识和需要对具有特定方位、范围及形态特征的地理实体用文字代号给以共同约定，这种约定俗成、世代相传的文字代号就是地名。

地名固然是代表地理实体的符号标志，但同时又是一种超越时空的文化现象。地名是民族历史和文化的一部分，与人类的社会实践紧密相连。下面我们探讨一下英美国家地名的历史文化内涵。

一、来自凯尔特语与拉丁语的地名

日耳曼征服以前生活在不列颠的是凯尔特人。古罗马人也曾一度征服不列颠。古罗马人撤离之后，凯尔特人即面临盎格鲁人、撒克逊人和朱特人的入侵、杀戮和驱赶。凯尔特语和拉丁语在英语中几乎没有留下什么痕迹，但却留下了一些地理名词或地理名词的构词成分。来自凯尔特语的地理名词包括 Thames(泰晤士河：流经伦敦)，Aon(阿文河：在英格兰中部)，Dover(多佛：英国东南部海港)，Wye(瓦依河：流经威尔士和英格兰西部)，Kent(肯特：英国东南部的一个郡)，Cornwall 康瓦尔：英国西南部的一个郡)。凯尔特语还留下了一些地名构词成分。

二、来自英语的地名

日耳曼征服以后，盎格鲁人、撒克逊人和朱特人定居不列颠，翻开了不列颠历史上新的一页，也开始了英语的历史。随着城乡的发展，以古英语命名的地理名词不断产生。含有英语地名构词成分的地理名词遍布不列颠。Shire(郡)源于古英语词 scir(office：办公处)，从古英语时期起就是英国的一级行政区。另外，shire 也是英语地名的构词成分。在英国地名 Lancashire Yorkshire，Cheshires 等中都含有这一成分。来自古英语的地名构词成分还有很多，有一些保留了其古英语形式，有一些则演变成了现代英语形式。

三、来自斯堪的纳维亚语的地名

从 8 世纪起，不列颠遭受斯堪的纳维亚人的入侵和占领。到 9 世纪中叶，丹麦人在英国东北部建立了 Danelaw(丹麦区)，长期定居下来。英国有 1400 多个村镇的名称来自斯堪的纳维亚语，大部分都在该地区。在 Yorkshire(约克郡)，Lincolnshire(林肯郡)，Cumberland(坎伯兰)，Northumberland(诺森伯兰)，

Westmorland(威斯摩尔兰)，Norfolk(诺福克)等地，75%的地名来自丹麦语。

发生在 1060 年的诺曼底征服使大量法语词汇进入英语，但是英语地名中来自法语的却很少。比较常见的只有-vile(town：城镇、city：城市)构成的地名。有趣的是英语中的虚拟地名也常用-vile 这一成分，例如 Manville 等。

四、美国的地名

欧洲文艺复兴时期以前，英国主要是移民输入国家，因此英国出现了很多来自其他民族语言的地名。从文艺复兴时期开始英国国力渐强，开始了海上冒险，大批英国人走出国门，开始了拓展海外殖民地的过程。美国是英国人建立的最主要的海外殖民地之一。英国人一踏上这块北美的土地就开始了确定地名的活动。美国地名的确定有三个非常突出的特点：①借用先于英国人栖居北美大陆的各民族所使用的地名；②借用欧洲大陆，特别是不列颠的地名；③以人名作为地名。先于英国人栖居北美大陆的首先是印第安人。在欧洲殖民者到达北美大陆之前，印第安人世代栖居在这里，并创建了辉煌的文化。欧洲殖民者在踏上陌生的土地时，沿用原有地名是很自然的事情。因此，很多美国的地名来自印第安人的语言。请看下面的例子。

美国东南部的佛罗里达原为西班牙人的殖民地，美西战争后并入美国版图。南部原为墨西哥的领土，墨西哥人也讲西班牙语。很自然，在美国的东南部、南部有很多来自西班牙语的地名。美国中部、中南部原为法国的殖民地，后由杰弗逊(Thomas Jefferson)任总统的美国政府购买，并入美国版图。因此，有些地区保留了一些来自法语的地名。纽约原为荷兰人殖民地，现在还保留着一些来自荷兰语的地名。例如：Brooklyn(布鲁克林：纽约市行政区)，Harlem(哈莱姆：纽约的一个黑人居住区)，Staten Island(斯塔腾岛：纽约市行政区)，Bronx(布郎克斯：纽约市行政区)等。

美国建国以后，版图不断扩大，来自世界各国的新移民蜂拥而来。随着中部、西部的开发，美国东部居民也大量西进。在中部、西部不断建立新的定居点，需要大量新的地名。人们便把眼光投向美国东部乃至世界各地，利用旧的地名为这些新的定居点命名。有时，人们为和旧地名有所区别，就在前面加上 New(新)。美国有不少地名来自人名。以人名为其他事物命名体现的是一种人是世界的核心、是世界的主宰的思想，是个人主义文化的一个重要方面。总之，美国的地名有许多名堂，几乎每个地名背后都蕴藏着一个故事，这些地名汇总起来便是一部美国文化史，十分值得研究。

第四节 英语数字

远古先民把长期积累起来的数量知识用于对具体单一事物的抽象和概括，便形成了数量思维和计算。数学与其他科学分支一样，是在一定的社会条件下，通过人类的社会实践和生产活动发展起来的一种智力积累。其主要内容反映了现实世界的数量关系和空间形式，以及它们之间的关系和结构。从认数计数知识的积累到数学科学的发展，反映了人类认识能力的飞跃，文明程度的提高。这一过程是伴随着语言的发展而发展的。因为从本质上讲，语言和数学都是人类所使用的符号系统，语言逻辑和数学逻辑都离不开累加、相减、倍增和演绎等基本思维方法。这也是我们在本章探讨英语语言文化时需要提及英语数字范畴的一个原因。

由于英国居民构成成分和文化渊源的关系，英语的算法较多受欧洲各国的影响，不过英国人早就有自己的计算符号和方法。英语中的基数词和序数词，除了 second(第二)是法语词和 million(百万)是拉丁词以外，其他的都是盎格鲁-撒克逊语。在古英语中“第二”用 other 来表示。罗马数字随着罗马人的入侵也进入了英语。原始的罗马计数法是以手指进行简单运算的。历史上的阿拉伯数字原是印度的位值计数符号，公元 10 世纪末由摩尔人或阿拉伯人传入西班牙，然后在欧洲各国广泛传播，大约在 16 世纪后取代了罗马数字。有一段相当长的时期英国人并不采用十进制。阿拉伯数字用一个数字表示个位数，两个数字表示十位数，三个数字表示百位数，四个数字表示千位数。这种十进制在英国以及欧洲各国的引入，其影响大大超过了阿拉伯数字本身。现代英语计数(例如统计、账簿、表格和支票)

主要采用阿拉伯数字，英文表示数量的词语较多用于文字记述或者支票正式书写，罗马数字则只用于钟表、罗列项目或者书籍中的非正文页码。

然而，在数字的使用上英汉民族的文化差异有明显的体现。不同语言中的数字本身无所谓吉凶或感情色彩，但由于传统观念、风俗习惯、民族文化、宗教禁忌或者历史事件等方面的影响，某些数字可能被赋予特殊寓意。追溯数字的原始含义，将它放到有关数字词语中去考察其引申意义，并与其他语言中的数字意义进行比较，可以加深我们对常用数字文化含义的了解。

综上所述，数字是一种非常重要的文化语言，是使用频率很高的思维工具和交际工具。许多英语数字有着深厚的民族文化意蕴，同样的数字概念在东西方文化中的引申意义有时相差悬殊，对于可能在不同程度上受到文化隔阂和语言障碍影响的外语学习者来说，这方面的情况必须加以注意。

第五节　英 语 成 语

成语(idiom)是习语(俗语)的一种，是各个国家和民族语言中不可或缺的部分，含有丰富的社会和文化内涵，是人类在长期的社会实践中总结出来的语言精华。可见，英语成语是不可预见其意义的固定词组，其表述之义往往不是其单字意义的总和。在英语语言表达的生动性、凝练性及使用频繁程度等方面，要首选成语。英语成语一方面源远流长，另一方面顺应社会的发展不断有新的成语出现，学习英语成语不是一朝一夕的事情。掌握一定数量的成语对于了解英语国家的社会与文化，融进以英语为本族语的人群具有十分重要的作用。

一、英语成语的特点

英语成语主要有如下三个特点：语义的整体性、结构的稳定性和民族特色性。

(一) 语义的整体性

在英语中，成语大都是作为一个整体出现的，其意义往往难以从其中的单词猜测出来。也就是说组成成语的各个单词除了表达成语的整体意义外，往往不能同时再表达其他的意义。

(二) 结构的稳定性

结构的稳定性也叫句法限制，即指成语的形式固定，其中各个单词不能被替换或是以别的形式出现。

(三) 民族特色性

相当数量的英语成语的形成有着宗教、政治和文化历史的渊源，所以字面意思与实际含义时有天壤之别，不能望文生义，也不能一知半解就拿过来使用。除了上述几个主要特点以外，英语成语还有两个需要注意的地方：一是一些英语成语从字面上看是违反语法规则的，二是某些表达是违背逻辑的。为此，学习者在碰到英语成语时要倍加小心，稍不留神就会在理解上出现偏差。

二、英语成语的分类

从跨文化比较的目的出发，将其分成短语动词和习语讨论。

(一) 短语动词

短语动词是成语的一种，由一个动词加上一个小品词构成，如 look into(调查)。这个小品词要么是副词，要么是介词。短语动词也可由一个动词、一个名词和一个介词构成，如 take care of(照料)。在现代英语中有许多这样的短语动词。仅 look 就成为几十个常用短语动词的主要成分。下面仅举几例：look at(看)，look about(察看)，look back(回顾)，look into(调查)，look towards(期待)，look down on(蔑视)，look up to(尊敬)，look forward to(期望)。

两相对照，可以看出英语短语动词是汉语所没有的。在 1 500 多年的历史中，英语变得越来越简单了(英语失去了大多数的屈折词尾)。没有人能够确切地说明在英语倾向于简化的同时，为什么出现了这么多的短语动词。或许是因为英国人民喜欢单音节词，喜欢用它们的组合来表达那些多音节的外来语的意义。斯威弗特(1667—1745)，《格利弗游记》的作者，曾经抱怨过英语里的单音节词过多，并把这当成英国人的耻辱。当然，今天人们已经不再这样看问题了。相反，它正说明英国人喜欢在日常交流中使用单音节词。否则，它们也不会发展成今天这个样子。

这些短语动词和与其对应的拉丁语或法语借词的概念意义相近，但社会意义不同。一般来说，短语动词多出现在英语口语中，而与之相应的单个法语或拉丁语借词一般出现在书面语中。

(二) 习语

短语动词只是英语成语的一部分，英语中还有其他数量巨大的习语。在英语的历史上，由于表示语法关系的词缀大量流失，特别是表示名词的格的词缀基本消失殆尽，英语更多地依赖词序来表达语法关系。而词序的固定则是英语习语大量涌现的基础。

许多英语习语都与英语国家文化紧密相关。从这些习语中我们可以看到英语民族看待事物、描写事物的方式。由于英语习语数量太大，在此无法一一讨论。我们可以看出英语成语一般都有与其对应的汉语表达方式。但通常这些英语成语和与其对应的汉语表达方式只是在概念意义上对应。它们在联想意义，特别是其中的反映意义上有明显差别。例如， To make bricks without straw 和“做无米之炊”都是指“在没有合适的材料、信息等的情况下做事情”，也就是说它们的概念意义一致，但 To make bricks without straw 使人联想的是“砖”和“草”，而“做无米之炊”使人联想的是“米”和“做饭”。

这里需要特别指出的是，使用英语成语时必须注意场合和对象。大多数英语成语是非正式用语，有些甚至是俚语。因此英语成语一般只能用于非正式场合，特别是口语中，比如好朋友的私下交谈。一旦是正式场合，且听者又是陌生人或不太熟悉的人，就一定要措辞谨慎，或少用成语为佳。此外，英语成语和其他语言现象(如委婉语)一样，也在进行着不断地更新交替，因此一些文学上的、浮夸的或旧式的成语除了玩笑以外，已很少出现在日常成语之列了。

第六节　英 语 谚 语

英语的 idiom 很容易和 proverb 混淆，前者相当于汉语的“成语”，后者相当于“谚语”。从形式上看，两者的区别是比较明显的：idiom 是短语(phrase)，proverb 是句子(sentence)。idiom 设有主谓语，故不成句；proverb 有时即使主谓不全，但毕竟还是一个省略句。至于中文的成语和谚语区别则较为含糊，一般四个字组成的称为成语，尽管有的成语也具备主语和谓语，而较长的语句一般都称为谚语。

谚语也是一种习语(俗语)。英语和汉语中都存在着大量的谚语。这些谚语是在民间流传的短小精悍的固定语句，是人们生产经验、生活智慧的结晶。英语谚语是英语语言文学的瑰宝，是英语民族智慧的集中体现。英语学习者通过英语谚语可以一览英语国家思想与文化的精华，领略英语语言的精悍与传神。

一、英语谚语的主要来源

英语是一种兼收并蓄的语言，在其漫长的发展过程中，汲取了欧洲多种民族语言的精髓。英语谚语更是博采众长，特别是从古希腊、罗马文化及《圣经》中汲取了大量的营养。而英语国家的作家、思想家如培根、莎士比亚、蒲柏和富兰克林等则为这座宝库增添了更多丰富多彩的内容。但是，英语谚语的主体还是来自民间。早在 8 世纪上半叶，英语谚语就开始流行了，可谓源远流长。英语中大部分生动的谚语都是田间的农民、作坊工人、村中的猎手、海上的水手、家庭的主妇或厨师等人的口头创作，那些无从考证出处而又家喻户晓的谚语是一代代普通民众长期积累、流传下来的思想火花与语言经典。英语谚语素有“俗谚”“雅谚”之分，前者指源自民间口语的谚语，后者则指源自古希腊-罗马文明、《圣经》、英语文学名著的谚语。

（一）“俗谚”

源自民间口语的“俗谚”以世态人情为材料，以经验知识为依据，是人民大众生活和生产的缩影，也是他们经验的积累和总结，揭示了他们对客观世界的认识和感悟，也表露了他们的心理诉求和祈望。

（二）“雅谚”

英语中有相当一部分谚语源自古希腊-罗马文明、《圣经》和英语文学名著。

与源自民间口语的谚语不同，这些谚语一般涉及典故，或多或少带有些书卷气，故称“雅谚”。

二、英语谚语的修辞手法

谚语作为民间文学的一种，具有诗的规范，文的凝重，俗语的简洁，因而在各种文体中都很常见。如果稍加留意，不难发现英语谚语运用了许多修辞方法，例如(反义)对比、比喻、拟人、典故、倒装、省略、平行重复和押韵等。这些修辞手段的运用，常常给人耳目一新之感，让人难以忘怀。

(一) 比喻

比喻是英语谚语的主要修辞手段，大部分谚语都是通过恰当比喻而成的形象化语言。比喻就是以此喻彼。它有一个基础(心理联想)和四项要素(即本体、喻体、相似点、相异点)。比喻可分为明喻、暗喻、换喻和提喻。

(二) 拟人

拟人实际上也是一种比喻，即把无生命的事物或抽象概念看成有生命的东西来加以谈论。

(三) 夸张

夸张手法运用丰富的想象，在数量、形状或程度上加以渲染以增强表达效果，具有诙诸、讽刺、褒贬之功能。

(四) 押韵

为做到音韵美，许多英语谚语巧用头韵和尾韵来增强表达效果。一些英语谚语让人过目成诵，正是得益于此法。

(五) 双关

双关即一语双关，是指巧妙地利用同音异义或同形异义等现象使词或句子具有两种不同的含义，从而创造一种含蓄、奇特而又不失幽默的表达效果。双关分为语义双关和谐音双关两种。语义双关即利用一词多义的特点使语言表达的内容有两种不同的理解；谐音双关即利用词义根本不同的谐音词构成的双关。

(六) 省略

英语谚语常常省略某一(些)成分以求言简意赅、朗朗上口的效果。

(七) 重复

重复是指某词或词组的重复使用。英语谚语有时省略某一(些)成分使语义简明，但有时也要重复相关语句以使语义突出。

(八) 对照

对照是把两种不同的事物并列起来，互相衬托比较，或是把一种事物的正反两方面并列起来，以便更加鲜明、更加全面地表现事物的本质。

从以上不难看出，绝大多数英语谚语通过修辞进行了“包装”。语言是表达思想的工具，修辞则是语言表达的艺术。掌握一些英语谚语及其修辞知识，对于我们学好用好英语，无疑大有裨益。

第七节 英 语 典 故

《现代汉语词典》把典故定义为“诗文里引用古书中的故事或词句”。我们这里说的典故实际泛指“隐含地或间接地引用”，引用的可以是古典文学作品中的故事或词句，也可以是其他领域(如艺术、体育、宗教等)中的人物、事件或行话。大多数语言都有很多典故，人们通过典故来丰富语言的表达方式。在汉语里，“你真是个诸葛亮”和“她是个穆桂英式的人物”对于我们中国人来说传递了很多信息，并且不需要再进一步解释。这两个典故来自文学作品《三国演义》和民间杨家将的传说。当然，典故不局限于文学作品。例如，“这个企业被亮了黄牌”中的典故“黄牌”来自体育运动，“他的亮相效果不错”中的典故“亮相”来自戏剧。

英语里的典故也是如此，它们来自英语国家或者其他西方国家的文化遗产。

一、英语典故的来源

(一) 文学典故

英语和汉语的丰富文学遗产是英汉语典故的重要来源之一。《三国演义》里的

“张飞”、《水浒传》里的“李逵”、《红楼梦》里的“林黛玉”和《西游记》里的“孙悟空”在现代文学作品和日常口语中常常被引用，英语里也有很多来自文学，特别是莎士比亚的戏剧的典故。

不仅莎士比亚是英语文学典故的重要源泉，其他英语文学家也创造了很多典故。在英语中我们也能发现源于欧洲其他语言的文学作品的典故。欧洲各国的文化有很多相通之处。

（二）源于古希腊-罗马文明的典故

古希腊-罗马文明是西方文化的底蕴之一，对西方人的生活产生了深刻的影响。现代公历中星期与月份的名称中很多与古希腊-罗马神话有关。

（三）源于宗教的典故

典故的另外一个来源是宗教。在英语国家里基督教是主要宗教，人们在英语中自然能够发现许多典故来自《圣经》里的人和事。

（四）源于历史的典故

历史事件和人物也可以是英语典故的来源。这些历史事件可能发生在英国或者其他西方国家，这些历史人物也可能是说英语的人或者是说欧洲其他语言的人。

（五）源于体育的典故

英语里有许多与体育有关的典故。以英语为母语的人，特别是美国人，非常喜欢体育运动，或者亲自参加，或者观看。因此，英语中有很多有关体育的典故是很自然的事情。英语中有很多典故源于棒球、橄榄球、拳击、钓鱼和扑克游戏等在美国或其他英语国家非常流行的体育运动。

二、英语典故的使用

从认知语言学角度来看，典故是一种隐喻，用典就是借用有来历、出处的故事和词语作比喻，意在不言中。构成典故的各个词形成了该典故的字面意义，虽然这些词不能完全揭示典故的特定寓意和文化特色，却构成了一个或者多个概念域。人们在使用语言的过程中，通过认知机制，在特定的语境中把这种概念域与典故的特定意义相联系，在这种联系中起关键作用的就是隐喻。典故的隐喻性只有在以特定语境为基础，通过想象、联想、映射等途径进行一系列认知活动时才能得到充分的体现。英语典故多由形象生动的故事、轶闻、传说或史实凝练而成，其精髓在于含蓄，其现实意义(听者或读者透过字面意义领会到的隐含意义)的实现取决于使用者的意义赋值以及这种赋值与听者或读者的最佳关联性。

(一) 意义赋值

实质上，典故的使用过程就是主体的人对作为理解对象的客体进行意义赋值的过程。

(二) 最佳关联性

说话者对典故进行新的意义赋值，只是完成了交际过程的一半。要让听者(或读者)领略个中含义，说话者就必须视说话对象的文化水准和认知能力选择适当的典故，以实现表述内容与听者(读者)的最佳关联，从而有效激活听者(读者)的理解力、联想力与想象力。特定话语的会话含义通常与其所处的语境密切相关。这里所说的语境指语言环境、副语言环境和非语言环境三者的综合因素，即①交际的场合、时间；②交际双方的身份、地位；③交际双方的关系；④交际双方的心情、行为；⑤交际双方的语调语气、表情、手势等。语用学称会话含义与语境的这种关系为“关联”，英国学者斯珀波和威尔逊在《关联性交际与认知》一书中将这一术语定义为“当，且仅当一种假设在一定的语境中具有某一种语境效果时，这种假设在这个语境中才具有关联性”。由此可见，语境效果是确定关联程度的重要因素。

关联理论主张建立交际的推理模式，即语言不是纯粹的编码-解码过程，语言表达和言语意图的距离是通过认知来联结的。人类认知靠的是关联，而且往往与最大关联性相吻合。听话人不一定在任何场合都理解话语表达的全部意义，尽管每一个言语交际行为都值得重视，但人们通常只注意那些与自己有关联的信息。这种关联理论包括两个原则。

(1) 认知原则：人类认知常常与最大关联性相吻合；

(2) 交际原则：每一个明示的交际行为都应设想为它本身具有最佳关联性。

就典故的具体应用而言，其内涵与听者(读者)认知的关联性越强，则听者(读者)在理解中无须付出太多推理努力，就能取得好的语境效果(语境含义或假设)；反之，若话语的内在关联性很弱，则听者(读者)在理解过程中须付出较多推理努力，才能取得好的语境效果。最佳关联就是用最小的推理努力，取得最大的语境效果。对于人们耳熟能详的典故，使用起来当然多多益善；如是过于生僻的典故，在大多场合还是少用为佳。

第八节　英 语 俚 语

俚语是一种行话，它排斥规范用语的语言规则，具有较强的新颖性、较为短暂的词语寿命以及特色鲜明的用法，意在强化行业或集团内部的一致性。综合以上定义，俚语即特定人群的俚俗新奇的口头用语。

在现代语言中，俚语其实早已超出了特定人群行话的范畴。随着大众传播媒介的日益发达和人际交往范围的不断扩大，汉语中的许多方言词汇广为流传(如东北话里的“忽悠”“唠嗑”等)，逐渐成为大众性的俚语。

英语俚语不仅在当今西方社会(尤其是美国)的影视、小说、广播、报纸杂志以及日常交流中形成了一个强有力的磁场，有些说法还在全球范围内流行。要想熟悉英美社会，了解英美人的风俗习惯，或想实际接触英美人提高阅读、理解、听说能力，或想实际在英美国家生活一段时间，就必须懂些英语俚语。

一、美国俚语产生的社会文化条件

(一) 表达情感

语言是交际的工具，而俚语作为语言中一个实际存在的组成部分，常常被使用者用来传递信息，交流思想，表达特定感情，在熟悉的朋友举办的鸡尾酒会上与人交谈时适度地使用一些俚语就会使气氛轻松活跃、亲密无间，朋友之间的通信也是如此，字里行间穿插着的俚语更具人情味，使收信人读起来感到比较亲切。

（二）逆反心理的价值取向

逆反心理的价值取向为俚语的产生提供了动力，由于俚语是以亚文化的形态公开向主导文化的价值观进行挑战的，由此引起了价值观的冲突，美国人崇尚流行革新、乐观、自由、反叛以及个人主义，在日常工作生活中，美国人往往会有一种逆反的心理，即越是禁忌的东西人们就越想去冲破、去超越，美国俚语正好顺应了这一心态。因此，它的产生是正常的社会道德规范和价值观念下思想禁忌的反向推动作用的结果。所以，语言中越是禁忌的词在俚语中的表达方式就越丰富，如美语中对死、性、隐私、贫穷等敏感话题在词的表达形式方面有不少。美国人创造俚语就是为了打破现有的语言禁忌常规，宣泄自己的情感，表达自己的个性，丰富自己的内心世界。

（三）崇尚自由，追求时尚

俚语不仅能反映出创造者和使用者的个性和内心世界，而且能折射出社会和文化现象，能反映人们的价值观念、道德规范、思维方式，美国人具有较强的个性，不怕犯错误，勇于探索，充满好奇心，追求和偏爱新奇的东西，因此他们力图寻找新颖有力、绚丽多彩、富有生机盎然的语句。因此俚语在其形成和发展的过程中以对常规的反叛和对新奇的追求为主要特征，以其大胆新颖的通俗形象见长，美国人在不断的试验中，在对新形式的坚定追求中体现其语言特色。

（四）追求喜剧效应

俚语以其幽默风趣、生动规范见长。对于性格开朗的美国人来说，俚语又往往可以避免原来的标准语所呈现的拘谨和感伤，幽默和乐观正是喜剧所体现的精神，因而美国俚语有音乐喜剧之美称。美国俚语往往反映其创造者和使用者的个性，一个善于创造和惯于使用俚语的人大多是坚强、活泼和乐观的，美国人生而具有规范的民族性格，他们在生活中以幽默诙谐的表达增强了语言的生动性，俚语的幽默轻松和乐观随处可见。

二、英语俚语的风格特征

英语俚语尽管属于非标准语，但它却备受人们的青睐，原因何在？众所周知，英语具有庞大的标准词汇，足以供人选择与表达，人们为什么还要用俚语来表达思想和情感呢？下面就英语俚语的风格特征作详细分析。

（一）新颖时髦，别具特色

美国倡导“自由、平等、博爱”，美国人民富于创造性，追求新奇。这种政治导向和民族性格不仅表现在他们的日常生活中(如各种稀奇古怪的发型、琳琅满目的奇装异服、各种荒诞古怪的比赛)，而且也反映在他们的言语中，俚语的广泛使用便是最有力的佐证。这种为了追求新颖时髦而出现的俚语俯拾皆是，其结果是使俚语在表达同一事物或概念时具有丰富的语汇，特别是与人们日常生活相关的事物，诸如生死、饮食、金钱等，其俚语的表达方式之多可想而知。

（二）幽默诙谐，形象生动

众所周知，美国民族是一个极富幽默感的民族。他们乐观开朗，富于想象，这在他们的言语中也得到了有力的体现。纵观美国俚语词汇，处处都显露着他们幽默的品质。听到这些绝妙的俚语时，或许会有人感叹，最初使用这些词语的人一定具有超群的幽默感，他们的想象力是何等丰富。

英语俚语之所以幽默诙谐，是因为它采用了多种修辞手法，其中用得最多的是隐喻和委婉法。英国著名作家 G. K. Chesterton 在为俚语“正名”时说得好，“俚语是唯一川流不息的诗之溪流……俚语无一不是隐喻，隐喻无一不具诗意”。这句为人们广泛引用的名言，尽管稍嫌夸张，但仍然相当精辟。俚语中使用得最多也最广泛的修辞手段确实是隐喻，这些隐喻之中有许多也确实具有诗意。英语俚语另一种经常使用的修辞手法是委婉法。

（三）简洁明快，节奏感强

在美国，人们信奉“时间就是金钱”，人们追求快节奏的生活，做事都讲究省时高效。这种观念也体现在他们的俚语使用之中。从词汇学角度来看，俚语不是靠大量创造新词来表达事物或概念，而是经常采用旧词新义或使用截短词，并且大部分词为单音节词。正是由于英语俚语结构简单精练，单音节词容易上口并能一词多用，它们往往便于掌握和使用，容易获得明快有力的效果。

（四）结构独特，富于乐感

英语俚语中除了大量使用简短词和缩写词之外，还通过对普通词汇和根据需要而创造出来的新词进行搭配，使这两个结构相似的词语素材进行重叠，以构成一个极富乐感的俚语词。

以上是对英语俚语的风格特征的分析。必须指出的是，俚语毕竟属于非标准语，尽管它具有以上的风格特征，如果不分场合地使用俚语(如在庄重场合或在法律、公文等正式文体中使用俚语)，不仅不能增强表达效果，反而使语言显得滑稽可笑。但在非正式场合，在随意交谈、通俗文艺作品中，恰当运用俚语是可以增加语言的表现力的。

第九节　英语委婉语

一、委婉语的含义

委婉语是一些让人听起来悦耳、礼貌或是无恶意的词或词组，用来代替那些粗鲁、刺耳、不雅的词语。大概在任何一种文化中都有这样一些概念或事物，尽管表达它们的词汇在语言中是存在的，可是人们出于宗教或者社会习俗的原因总是尽量避免去直接提及它们。当这些概念或事物不得不涉及时，人们总是选用一些听起来让人觉得更易接受的词或词组，于是就产生了委婉语。

二、英语委婉语的修辞功能

从语用修辞角度来看，英语委婉语主要有以下功能。

（一）避讳功能

西方语言禁忌起源于古希腊、罗马时期人们对神的敬畏。在人类文明的早期，科学尚不发达，人们对一些自然现象还不能认识和解释，对人的自身也认识不足，常常因感受到某种神秘力量的存在而心怀恐惧，于是在口头语言表达上有了不愿言、不敢言的内容，久而久之就成为一种语言的禁忌。但因相互交流的需要，有时又不得不表达出此种意思，于是人们逐渐学会了用避讳的话委婉地表达，委婉语也就由此产生并被广泛应用。这样，避讳禁忌、消除恐惧便成了委婉语的第一功能。

（二）礼貌功能

委婉语的第二个主要功能是在交际中避免伤害他人的面子。所谓面子，是每个人都希望能为自己维护的一种积极的公众形象。爱面子或害怕丢面子的愿望是广泛存在的，“人要脸，树要皮”是超越所有文化界限的。当迫不得已要涉及令人不快的事情时，人们本能地相信，使用委婉语以示礼貌是有效避免各类冲突的重要交际策略或方法。这种信念使人们创造出许多含蓄婉转的表达方法，从而避免了那些较为粗俗、直截了当的表达方法。这就是委婉语的礼貌功能。

（三）掩饰功能

随着现代社会的发展，英语委婉语的使用也发生了很大的变化。使用委婉语的动机已不再单纯是出于避讳或照顾听者或读者的感情，而往往是为了达到说话者自身难以告人、无法直言的目的。这方面的一个典型例子就是在西方政治事务中，一些政客常常借用委婉语来混淆视听，歪曲真相，掩盖某些事情的本质。委婉语既是一种语言现象，也是社会和文化现象，从中不难领略相关国家的社会心理和民俗文化。委婉语的使用必须因时、因地、因人、因事而制宜，唯有如此才能有助于人们自如地表达思想；委婉语一旦滥用，只会显得荒唐滑稽，适得其反。

第十节　英语禁忌语

一、英语禁忌语的起源

在任何一个社会里总有一些事物是不能直接说及的，即使该社会所用的语言中有这样的词语。倘若必须提及，则运用转弯抹角的说法。一旦有人违犯这些戒律，在大庭广众之下说了某个词语或谈及某个话题，他将处于非常尴尬的境地，甚至成为不受欢迎的人。这种现象与人们常说的禁忌有关。尽管禁忌语是普遍存在的语言现象，在各种语言中都有与迷信心理、性器官、性行为有关的禁忌语，但是不同的文化传统有各自不同的禁忌方式，因而对于我们学习外语的人来说，了解英语禁忌语就显得很有必要。

禁忌语一词，源自太平洋群岛波利尼西亚的汤加语，意思是“上帝禁止”。20世纪初以来的人类学研究说明禁忌起源于远古的人们对语言的崇拜与迷信。著名英国人类学家爱德华·泰勒在其1971年所著的《原始文化》一书中指出原始初民无法分辨自然现象与超自然现象，他们认为周围的一切事物都是有生命的，那些指代自然物体与现象的词语也有血肉灵性而且有超自然的魔力。对它们敬畏和合理运用就能给人带来好运，相反，对它亵渎和胡乱运用，灾难就会降临。我们知道各种禁忌的总和形成许多独特的民俗，同时独特的民俗又反作用于人们的思维方式进而影响人们的观念世界，它们隐藏在人们的潜意识之中，渗入生活的各个方面，因此，禁忌也是社会和心理共同作用的产物。

二、禁忌语的特点

（一）普遍性

语言禁忌现象存在于世界各民族之中，无论是原始部落，还是高度文明的社会，无论在中国还是在西方，语言禁忌都普遍存在。可以说，人从降生到社会的瞬间，各种禁忌就规约着其言语行为。人在社会化的过程中，语言禁忌有效地协调着人与自然、人与社会、人与人之间的关系。

（二）时代性

时代性亦可称为可变性。语言是活的，处于不断地变化发展之中。一个时代的禁忌语到了另一个时代就可能变成一个普通的词语。

（三）民族性

民族性也可称为特殊性。“语言是文化的符号，文化是语言的管轨。”一个民族的文化可以在一个民族的语言中折射出来，语言禁忌亦不例外，其背后潜藏着一定的文化。而各民族的文化模式有其个性和特色，中西方的历史沿革、社会制度、价值观念、风尚习俗、生活模式等方面的差异使得二者在语言禁忌的内容与形式上均有不同。以英语和汉语为例，比较而言，英语中与宗教、犯罪、酗酒、妇女解放等方面有关的禁忌语居多，谈论话题涉及个人“隐私”(privacy)的内容常被列入禁忌、避讳之列。而汉语在称谓方面大有讲究，禁忌较多。另外，汉语中对有关“性”的词语和话题特别敏感，禁忌也多。

第四章　英汉语中的“假朋友”

第一节　“假朋友”的概念及出现原因分析

一、“假朋友”的概念

“假朋友”(false friends)一词源自法语的 Faux Amis。美国学者罗杰·爱克斯泰尔(Roger E. Axtell)将其定义为 words in another language that look like the same as English words but mean entirely different things.简而言之，翻译中的“假朋友”即指原语和译语中“形同(似)义异”的表达，它们貌合神离，似是而非。做个比较形象的比喻，春秋时期齐人晏婴曾云：“橘生淮南则为橘，生于淮北则为枳，叶徒相似，其实味不同。所以然者何？水土异也。”橘和枳可算得上是水果中的“假朋友”了。

“假朋友”不但是翻译中的陷阱，也是外语学习中的盲区。国内外学者对此均有研究，国外的研究多集中在词汇方面(特别是同一语系中语言间词汇的假对应情况)，国内翻译界、汉外对比界和外语教学界(包括对外汉语教学界)的学者对此也均有提及或做过举例性的描述，只是较系统的研究尚不多见。

二、“假朋友”出现的原因

导致“假朋友”出现的因素很多，从主体(译者或外语学习者)方面看，有主体语言能力较差方面的因素，也有主体在翻译实践或使用外语过程中望文生义、粗心大意的原因，这些当可看作“假朋友”出现的主观因素。此外，“假朋友”的出现还有更深层次的客观原因，我们讨论的重点也将放在这里。

“假朋友”现象涉及两种语言的对比，简单地讲，“假朋友”出现的客观原因就是两种语言中存在“形同义异”的情况。这里的“形”主要有五种情况。第一种情况是就组成两种语言对比项中的多个单项(主要是一个词)的基本意义而言的。如果对比项中各单项(或主要单项)的基本意义相同或极其相似，我们就称其为“形同”，如 a child’s play 中的 child 和 play 分别与“儿戏”中的“儿”和“戏”就形成“形同”。“形”的第二种情况是就只有一个单项组成的对比项的基本意义而言的。如 sister 和“姐”从严格意义上讲两者不论在词形(字形)还是在语音等方面都不能算作形同，而我们在某种情况下还是将它们看作形同，是因为两者的意义域之间存在包含或交叉的缘故，如 sister 还有“妹”之意。如果在翻译中将原文中本是“姐”之意的 sister 译成“妹”，这样也会形成一种别样的“形同义异”的情况，出现翻译中的“假朋友”。当然在实际翻译中有时确实很难断定 sister 的具体意义，这往往是造成翻译困难的因素之一。“形”的第三种情况指语法上的形。这涉及语法的方方面面，包括词法、句法等，如主—谓—宾结构就可看成“他在看书”的“形”。如果说以上三种是较为广义的“形”的情况，下面两种“形”的情况则是较为狭义的。“形”的第四种情况指具体的词形(字形)，多出现在两种书写形式部分相同或相近的语言中。如日语的“娘”和汉语的“娘”便是形同而义异。“形”的第五种情况指语音，多出现在口说的语言中。如词汇学中同音异义词(Perfect homonyms 和 Homophones)的“音”即是“形”。我们在下面的讨论中将涉及“形”的这几种情况。

从以上对“形”的概念的界定来看，形的前两种情况其实都涉及了意义问题，因为“形”和“义”本来就是密不可分的。然而在某些情况下，我们又需将“形”和“义”区分开来，“假朋友”的“形同义异”就是这样一种区分。那么这里的“义”指什么呢？我们用功能意义来统指概念意义(有时包括概念意义)以外的各种意义，如情感意义、风格意义、文化意义等。以 eat one’s words 与“食言”为例，很明显两者的概念意义是相同的，而功能意义则不同，前者实指“承认说错话”，后者则指“说话不算数”。child’s play 的实际含义(很容易的事情)也同此理。

以上我们对“形”和“义”做了一番界定，下面简单看看“同”和“异”的情况。一方面，根据德国语言学家洪堡特(Humboldt)的“语言世界观”，世界上各语言间差异的绝对性使得语言间在词义、语法、文化等各方面极少会出现完全相同的对应情况，因此我们通常也把“极相似”看作“同”。另一方面，即使语言间的差异是绝对的，语言间也表现出了同中有异，异中有同。正是语言间的“同”成了语言间可译性的基础，也正是语言间的“异”为翻译设置了重重障碍，甚至是陷阱。

我们根据“形、义、同、异”这四个维度的有效排列组合，得到语言间的四种基本对应情况：形同义同、形异义异、形同义异和形异义同。从中可以很清楚地看出我们讨论的“假朋友”——形同义异的情况。为了更清楚地看清“假朋友”的真实面目，我们不妨先简单地分析一下其他几种情况。先看“形异义异”这种情况只谈异，不讲同，属于完全不对应，因此不可能构成翻译的基础，如 book 和“桌子”，“我吃饭”和 He drinks water。“形同义同”的情况属于完全对应，词汇方面如 book 与“书”，句子方面如“我喜欢这部电影”与 I like this film，文化方面如“隔墙有耳”与 Walls have ears 等。当然还有翻译过来已进入另一语言中的词汇，如“白领”与 white collar 等，这种情况在翻译中可以对号入座。“形异义同”的情况比较复杂，属于不完全对应，是对应模式中最常见的情况，翻译中的困难多来源于此。此情况又可细分为两种：一种是“义同形部分异”如 one stone hits two birds 与“一箭双雕”；另一种是“义同形完全异”，如汉语中的问候语“吃了吗”或“去哪”与英语中的 hello 或 hi 可以互译，即功能意义相同，而“形”却完全不同。至于木章讨论的主题——形同义异的情况，这里的“异”也有完全异和部分异两种情况，“形同义完全异”是常见的典型情况，“形同义部分异”不典型，指一种语言中用一个形式，另一种语言有多个形式来表达同一总体意义的情况，如 marry 和“嫁、娶”。

应该指出的是，由形同义异造成的“假朋友”不但出现在如英汉两种差异极大的语言互译中，还多出现在某些方面较为相近的两种语言中，如日文中的“丈夫”(实指“结实”)不等于汉语中的“丈夫”，日文中的“娘”(实指“姑娘”)不等于汉语中的“娘”，日文中的“汽车”(实指“火车”)不等于汉语中的“汽车”等。即使在一种语言的变体中也会存在“假朋友”，以英国英语和美国英语为例，同为 billion、public school，在英国和美国的所指迥异。另外，一种语言的不同方言之间也可能存在“假朋友”的情况，如汉语中的“吃饭”，在南方特指吃米饭(eat rice)，而在北方则统指饮食(have a meal)。最后，如果把身势语也看成是一种语言形式，某些身势语在不同的语言文化中的含义也是不一样的，如“跺脚”这一动作在汉语文化中表示愤怒，在英语文化中则指不耐烦，这样就形成了更广义上的“假朋友”。

第二节　“假朋友”的分类

“假朋友”可以出现在词汇、语法、语用、篇章、文化等语言的各个层面上，下面我们试图对“假朋友”做一下分类，并举例加以说明。

一、构词中的“假朋友”

英语构词法有多种，如合成法、派生法、缩略法、截短法等。下面我们举例说明某些构词法中的“假朋友”。合成词如 restroom 关休息室(需说明一点，我们这里的讨论以所举例的前者为准，如此例中的 restroom 是合成词，而“休息室”则是个词组)。restroom 指洗手间，而“休息室”则相当于英语的 lobby 或 lounge。另外的例子有 drawingroom(客厅)≠画室(studio)，godfather(教父)≠神父(priest)，busy-body(好管闲事者)≠大忙人(busy man/woman)，busboy(餐厅服务员)≠公交车售票员(conductor)，do-gooder(空想社会改革家)≠做好事的人(person who does good deeds)，weekday(工作日)≠周日(Sunday)，sweet bread(—种甜美肉食)≠甜面包(sweet bread)，saltwater(海水)≠盐水(salt solution)，greenhouse(温室)≠绿房子(green house)，sea-elephant(大海豹)≠海象(walrus)等。

派生词中有表否定的前缀 un-，in-，dis 或后缀-less 等，但 indifferent(冷漠)≠无差异(not different)，disinterested(公正)≠不感兴趣(uninterested)，invaluable(很有价值)≠毫无价值(valueless)，inflammable(极易燃的)≠不易燃的(nonflammable)，infamous(臭名昭著)≠不著名(unknown)，priceless(价值连城)≠一文不值(worthless)等。另外，lover(情人)≠爱人(wife or husband)。

二、词组中的“假朋友”

如果说英语中的词和词组的界限还算相对清楚的话，那么汉语中的词与词组的界限要模糊得多，这里我们还是尽量以英语为准。如 Blue Room(美国总统会见亲友的房间)≠蓝色房间(blue room)，high school(中学)≠高校(college or university)，white wine(白葡萄酒)≠白酒(alcohol)，Old Wang(王姓年长之人) ≠老王(Lao Wang，不一定年长)，large cadres(大批人组成的集体)≠大干部(cadres)，soft goods(不耐用商品)≠软货(a coward)，street women(妓女)≠街道妇女(housewives of residential areas)，personal remark(人身攻击)≠个人评论(personal review)，how funny(多可笑)≠多好玩(what fun)，feel terrible(身体不舒服) ≠感到可怕(feel scared)，yellow publication(低级趣味出版物) ≠黄色出版物(pornographic publication)，old tiger(年迈的老虎)≠老虎(tiger)，political campaign(竞选活动)≠政治运动(political movement)，eleventh hour(最后时刻)≠十一点整(eleven o’clock)，dressing room(化妆室)≠更衣室(changing room)，dog ear(书的卷角)≠狗耳朵(a dog’s ear)，a good sailor(不晕船的人)≠好水手(a salt)，guinea pig(脉鼠)≠几内亚猪，Chinese rose(月季)≠中国玫瑰，English disease(软骨病)≠英国病，Indian summer(宁静愉快的晚年)≠印度的夏日，Greek gift(害人的礼品)≠希腊礼品，Spanish athlete(吹牛的人)≠西班牙运动员，French chalk(滑石粉)≠法国粉笔。

三、一形多义形成的“假朋友”

一形多义，顾名思义，就是一个形式有多个意义。其中一词多义是最常见的情况。两种语言中词的概念之间的关系不外乎有四种，一是重叠关系，如 carbon 与“碳”；二是相离关系，如 run 与“窗”；三是交叉关系，如 make 与“做”；四是包蕴关系，如 uncle 与“叔叔”。在这几种关系中，交叉关系和包蕴关系都与一词多义有关，会形成“假朋友”。如 play 与“打”有交叉关系，前者有 play basketball、play football、play card 等搭配，后者有“打球”“打水”“打架”“打杂”等搭配，但如果将 play 与“打”看成了重叠关系，那么初学外语者极易将 play football 中的 play 翻译成“打”，或是将“打水”中的“打”翻译成 play，这样就形成了翻译中的“假朋友”。类似的例子还有 see 和“看”，“看电影”“看医生”都可以译成 see a film、see a doctor，但“看书”“看孩子”就不能译成 see a book、see a baby。包蕴关系也易形成“假朋友”，如前面提到的 sister 和“姐/妹”一例。在此我们讨论一种特殊的包蕴关系，即一个词在一种语言中往往有褒贬两个意义，而其在另一种语言中的对应词只有一个意义。如 ambition—词在英语中有“抱负”和“野心”褒贬两个意义，在汉语中只能用两个词来表达，在翻译中如将表“抱负”之义的 ambition 译成“野心”，就形成了翻译中的“假朋友”。又如习语 a bolt from the blue 可统指“突然降临之事”，并非只指“晴天霹雳”，有时还指好事的突然降临。

除一词多义外，一形多义中还有一语双关的特殊情况，据说林抒当年曾把 The coat is very dear.一句译成“这大衣太亲爱的了”，一时传为笑话。不过，人们常利用这种一语双关来营造一种幽默的效果。与此类似的还有通过截短构词法(shortening)形成的一形多义的情况，如 rock 既有“摇滚”(rock and roll)之义，又有“岩石”之义；cab 既指“有篷马车”(cabriolet)，又指“出租车”(taxicab)。另外在缩略词中也有类似情况，如 W.C.既可指“卫生间”(water closet)，也指“免费”(without charge)。此外，有一些同音异义词(homophones)，如 principle(原则、原理)和 principal(主要的)，compliment(称赞)和 complement(补充)，stationary(稳定的)和 stationery(文具)等在口译中也易形成“假朋友”。

如果说以上所谈还只是在词的层面，那么一形多义形成“假朋友”的情况还会出现在结构层面上，这里谈谈歧义结构中的“假朋友”歧义是多义的一种，具体而言，是指某种语言形式在特定的语言环境中人们对它实际上可以有不止一种的解释。英汉语中都存在大量的歧义现象，就书面语而言，歧义可分为词汇歧义、结构歧义、语义歧义和语境歧义。词汇歧义是由词的多义性造成的歧义，这在上面已经做过讨论，下面看看其他类型在翻译中形成“假朋友”的情况。

结构歧义是由句法因素形成的，如赵元任先生在《国语入门》中的著名例子“她是去年生的孩子”可以有“她是去年出生的孩子”和“她去年生了个小孩”两个意思，分别译为 She was born last year 和 She gave birth last year，若据语境应为前者的意思而译成了后者，就形成了翻译中的“假朋友”。语义歧义是由词语间的语义关系不同造成的歧义，如“开刀的是他父亲”一句，这里“父亲”既可能是“开刀”的施事，也可能是受事，若为施事而译成 The man who was operated on is his father，则形成了翻译中的“假朋友”。语境歧义如“鸡不吃了”可指“人不吃鸡了”也可指“鸡不吃食了”，如果语境是在养鸡场，此句译成了 I won’t eat more chicken，则形成了翻译中的“假朋友”。当然，在语言实际使用中，真正产生歧义的情况并不多见，人们总能设身处地地理解或表述。

四、文化差异形成的“假朋友”

语言是文化的载体，不同语言体现了不同民族的风俗习惯、价值观念等。英汉两个民族共有的事物有着不同的文化色彩，在颜色、动植物、价值观念等方面的词汇或习语(包括成语)都有体现。

(一) 词的文化差异形成的“假朋友”

这里指词的概念意义相同，而功能意义(主要是文化色彩)不同形成的“假朋友”。正如我们前面对“形”的界定，这里的概念意义充当了形，文化色彩充当了义，亦即形同而义异。动物词方面，人们熟知的 dog 与“狗”便是一例。一般说来，在英美国家，dog 是人之良友，而在中国“狗”的文化内涵多是贬义的。在翻译中应格外小心，尽量避免“假朋友”的出现，如不可将 a lucky dog 译成“幸运狗”，而应译成“幸运儿”。颜色词方面，如 red 与“红色”的文化内涵也不完全一样。中国的“红色”多是褒义，不但与喜庆有关，也象征着革命，国外的 red 虽也有喜庆之义，但有血腥、暴力的内涵，难怪英国学者霍克斯(Hawkes)将《红楼梦》中“怡红公子”译成了 the Green Boy，因在西方 green 多含褒义。但这里译者到底应将“红”译成 red 还是 green 涉及一个归化和异化的问题，最终将取决于译者的选择，如果译成 red 则还有一个“假朋友”变“真朋友”的问题，后面还要谈到。价值观念词方面，如 individualism 与个人主义，西方的 individualism 是“主张个人政治与经济独立的强调个人主动性行为与兴趣的理论，以及以这种理论指导的实践活动”，在西方价值观念中 individualism 被赋予了积极的意义。

中国的“个人主义”长期被看作“一切从个人出发，把个人利益放在集体利益之上，只顾自己，不顾别人的错误思想”。在中国人眼中“个人主义”明显带有贬义，难怪有人建议将 individualism 译成“个性主义”。这个问题在下一章的译例分析中也有讨论。

另外的例子有：vinegar(坏脾气)与醋(嫉妒)，bat(吸血鬼)与蝙蝠(吉祥)，west wind(温暖)与西风(寒冷)，owl(智慧)与猫头鹰(不吉祥)，hare(胆小)与兔子(跑得快)，petrel(预示灾难)与海燕(顽强勇敢)，liberalism(多褒义)与自由主义(多贬义)，idealism(理想主义)与唯心主义，materialist(讲究物质利益的人)与唯物主义者，equalitarian(平等主义的)与平均主义的，intellectual(有学问但只讲空洞理论的人)与知识分子，propaganda(传播带有偏见的东西)与宣传(多含褒义)等。

(二) 习语(成语)的文化差异形成的“假朋友”

习语或成语是一种特殊的词组，往往体现了民族文化的精华。类似于词语的文化差异形成的“假朋友”，两种语言中的某些习语也会出现“形同义异”的情况，现举例说明。如 drop/cast anchor(安居或安下心来) ≠抛锚(break down)，running dog(随主人外出散步之犬)≠走狗(受人豢养而帮助作恶之人)，dog eadog(同室操戈，含惋惜之义)关狗咬狗(坏人之间的残杀)，make one’s hair stand on end(因恐惧而头发竖起) ≠怒发冲冠(因发怒而头发竖起)，Pull one’s leg(捉弄某人)≠拖某人后退(be a drag on sb)，a walking skeleton(骨瘦如柴) ≠行尸走肉(a dead-alive person)，have one’s tail up(兴致勃勃)≠翘尾巴(get cocky)，the last straw(最不能容忍之事)≠救命稻草(a life-saving straw)，have a fit(勃然大怒)≠试穿(try on)，have a bone in one’s throat(不愿开口说话)≠骨鲠在喉(有话不得不说)，in the same boat(处于同样的困境)≠同舟共济(共同渡过难关)，move heaven and earth(尽一切努力)≠翻天覆地(earth-shaking)，sing a different tune(改变说法或态度)≠唱反调(对立着干)。

上面所举的例子都是两个表达项概念意义相同或相似，而文化内涵(功能意义)不同的情况。还有一种情况是两个表达项概念意义相同或相似，而只有一方具有文化内涵，在这种情况下也可能形成“假朋友”。如 white elephant 除了指“白色的大象”外，还有“好看而不中用之物”的意思。而汉语的“白象”则不具有这样的文化内涵，难怪以“白象”为商标的商品出口欧美国家销量会出现问题。又如汉语的“绿帽子”≠green hat(英文无“妻子对丈夫不忠”之意)，“放屁”≠pass one’s wind(英文无“胡说”之意)。类似的情况也会出现在某些音译或意译词中，如中国的“钢星牌”某产品出口国外译成 GangStar，而 gang—词在英语中有“帮”“伙”的贬义，因此 GangStar 则有“匪首”之意。又如将“芳芳”牌唇膏译成 FangFang，而 fang 在英语中有“毒蛇之牙”的意思。

其实，英语中的许多习惯短语既有本义(概念意义)，也有引申义(也是一种功能意义)。如 look out(还有“小心”之义)朝外看，look into(还有“调查”之义)朝里看，in the dark(还有“蒙在鼓里”之义)在黑暗中，等等。这就要求在翻译中根据语境等手段确定其正确意义，以免“意此而言它”，出现翻译中的“假朋友”。

顺便说一下，以上情况不只出现在短语、习语中，在单词和语用交际中也存在。如 pine 在英语中无文化内涵，而“松”就有。tortoise 在英语中无文化内涵，而汉语中“龟”则有“长寿”(褒义)和“王八”(骂人话，贬义)之义。语用交际中典型的例子如汉语的“吃了吗？”就具有两层意义，一是想请人吃饭的意思，二是只用做问候语。而英语的 Have you had your meal？则只有上面提到的第一层意思，没有第二层意思，这样的“假朋友”容易造成交际双方的误解。

五、使用频率不同形成的“假朋友”

使用频率不同形成的“假朋友”是指概念意义相同或相似，而在各自的语言中的使用频率不同而形成的“形同义异”的情况，当然这里的“义”主要是指由使用频率决定的语用意义。下面我们从词、句子两个方面来举例说明。

词的方面如 comrade 和“同志”，尽管随着时代的发展，“同志”一词目前在中国的使用频率在下降，但从整体来看，comrade 在英语中的使用频率一直不如“同志”在汉语中的使用频率高，并且 comrade 一词现在还有“同性恋者”之义，因此在翻译中我们也习惯了将“王同志”翻译成 Mr.Wang，而不是 Comrade

Wang。又如 cadre 与“干部”，在英语中 cadre 的使用频率很低，甚至许多讲英语的人都不知道它是什么意思，而汉语的“干部”则是个常用词，因此有时很难找到一个合适的英文词来翻译。

句子方面如英语中的 thank you 要比汉语中的“谢谢”使用频率高，虽然“谢谢”在中国人中的使用也渐渐频繁起来。另外，使用频率的不同还体现在同一功能意义在两种语言中使用同一文体的频率不同。如在餐馆，英国人和中国人要啤酒时用的文体就不同，英国人用 Would you please bring us two bottles of beer？(较正式体)的频率就要比中国人用“请来两瓶啤酒好吗？”(较正式体)的频率高，汉语中常说“来两瓶啤酒。”(随意体)这种近似于命令的要酒方式在英国人听来极不礼貌，而英国人的要酒方式在中国人看来又嫌做作。为何会出现这两种截然不同的语言风格，习惯使然。至于这两种说法哪种更好，恐难下定论，但有一点应是明确的，即“得体”应是跨文化交际中的一条重要原则。在翻译中，不妨遵循各自文化的表达习惯，以使译文读者有与原文读者相同的感受。

六、句法引起的“假朋友”

英汉语之间的句法存在很大的差异，不少学者从宏观和微观(或较微观)方面都做过对比研究。英汉语中也存在句法结构相同或相似，而意思不同的句子，从而形成“假朋友”。试举例如下：

A．I bought her a basket of eggs.≠我买了她一篮鸡蛋。

B．All the answers are not right.≠所有的答案都不对。

C．—She won’t go there，will she？

—Yes，she will.≠对，她会去的。

D．He is never too careful about it.≠他对此从未认真过。

E．It has been five years since I smoked.≠我抽烟有五年了。

F．He was only too pleased to let me go.≠他太高兴了，不让我走。

G．Tom is no more intelligent than John.≠汤姆不如约翰聪明。

A 中的两句结构都是动词跟双宾语的情况，但前句的意思是“我给她买了一篮鸡蛋”，后者则是 I bought a basket of eggs from her 的意思。B 中的前句属部分否定句，意为“不是所有的答案都对”，后句则为 None of the answers is right 的意思。C 中英语反意问句的回答与汉语的不同，英语重在对事实的判断，汉语重在对问句本身的判断，应译成“不，她会去的”。D 中前句的 never 与 too 用在同一句中表示肯定，实际意思是“他对此再仔细也不为过”，而后句译为 He is never careful about it 即可。E 中的前句意为“我戒烟有五年了'后句为 It Has been five years since I began smoking。F 前句中的 only too 意为 very，因此前句应译为“他很高兴让我走”，后句译为 He was too pleased to let me go。G 的前句应译为“汤姆和约翰都不聪明”，后句译为 Tom is not more intelligent than John。

七、准“假朋友”

前面提到，“假朋友”的“形同义异”中的“形”在两种语言对比中真正出现完全相同的情况并不多，绝大部分都属于大致相同或相似的情况，从以上所举的例子中可以看出这一点。但我们还发现，即使两种语言中的表达在“形”的方面差异较大(当然不是指像 a lion in the way 与“拦路虎”那样差异明显，而是相对“似”而言)，也容易使人误以为它们的意义也相同，我们称这种情况为准“假朋友”。下面通过分类、举例加以说明。

(一) 某些表达虚构事物的词汇

即所对比的词项在各自的语言中表达的概念和文化内涵其实都不对应，只是人为地将它们画上了等号。如 dragon≠龙，西方的 dragon 和中国的“龙”都是传说或神话中的事物，然而两者不但形象不同，所具有的文化内涵也不一样。西方的 dragon 是有翅膀的怪物，西方传说中常讲到英雄最终以杀死 dragon 为荣耀，而中国的“龙”则是皇权或中华民族的象征，汉语中的“龙的传人”“望子成龙”等表达多体现了“龙”的这种吉利的含义。只是首译 dragon 一词的人错误地将其与中国的“龙”对号入座，结果造成了翻译中的“假朋友”。有人曾建议将“龙”改译成 Long 或勉强译成 Chinese dragon，当然这一改译能否流行还要受许多因素的制约。另一明显的例子是将 Milky Way 译成“银河”，其实像上例一样，两者都是传说中的事物(注意这里的“银河”实际上与天文学术语“银河系”中的“银河”没有多大关系)，两者在形象和文化内涵上都有很大差异。Milky Way 是希腊神话中众神往来大地的“路”，“路”的奶色是由仙后赫拉洒落的乳汁形成的。而中国的“银河”则是传说中将牛郎和织女分离开来的一条河，他们七夕相会要靠喜鹊在银河上搭一座桥。因此将 Milky Way 与“银河”互译便形成了翻译中的“假朋友”，还不如将 Milky Way 译成“神奶路”，将“银河”译成 Silvery River 更合适些。类似的例子还有：unicorn≠麒麟，phoenix≠凤凰等。

(二) 某些习语、成语

如 blow one’s own horn(王婆卖瓜，自卖自夸)≠各唱各的调，It’s a wise father that knows his child(并非所有的父亲都了解自己的孩子)≠知子莫如父，throw a sprat to catch a whale(施小惠而得大利)≠抛砖引玉(中国谦辞，喻以自己的浅识文字引出别人的高见佳作)，Go to law for a sheep，you lose a cow(喻得不偿失)≠捡了芝麻，丢了西瓜(轻重不分)，throw pearls before swine(施恩不成，反遭其害)≠对牛弹琴，teach one’s grandmother how to suck eggs(不合时宜，多此一举)≠班门弄斧(卖弄技艺，不自量力)，a big fish in a small pond(山中无老虎，猴子称大王)≠小庙留不住大菩萨，wake up a sleeping dog(招惹是非，自找麻烦)≠打草惊蛇，shut the stable door after the horse has been stolen(于事无补)≠亡羊补牢(为时未晚)。

另外，某些惯用语也容易使人望文生义，在翻译时出现准“假朋友”。如 talk horse(吹牛)≠谈论马(talk about horses)，be in repair(状况良好)≠在修理中(be under repair)，be in the green(处于青春期)≠身着绿装(be in green)，take one’s medicine(忍受不快之事)≠服药(take medicine)，see sb through(帮某人渡过难关)≠看透某人(see through sb)，call sb names(骂某人)≠叫某人名字(call sb by sb’s name)，a love child(私生子)≠可爱的孩子(a lovely child)，a medicine man(巫师)≠医师(a medical man)等。

八、翻译腔中的“假朋友”

“假朋友”的“形同义异”其实有这么一种预设，即“形”是两种语言中现有的“形”，而非通过翻译得来的“形”，因为通过翻译得来的“形”往往不会与原“形”形成“假朋友”，如 white collar 与“白领”。然而，带有翻译腔的译文与原文却容易形成翻译中的“假朋友”，并且是更为广义上的“假朋友”。翻译腔(translationese)也叫“翻译体”或“翻译症”，是翻译中的常见通病。翻译腔有程度轻重之分，轻者表现为译文不自然、不流畅，但具有一定的可读性，如一遇到 when 就译成“当……时候”；重者表现为译文生硬、费解，甚至不知所云，如将 contact lens 译为“接触镜片”。此类“假朋友”多出现在轻度翻译腔中，只具有一定的可读性意味着译文在译入语中的使用频率不如相应的原文表达在原语中的使用频率高，这样形成的“假朋友”实际上又可归入前面提到的由使用频率不同形成的“假朋友”一类。如 He is no smoker 与“他不是一个吸烟者”就容易形成这类“假朋友”，因为译文带有明显的翻译腔，其在译语中的使用频率远远不如原文在原语中的使用频率高，如译成“他不吸烟”会更好些。

第三节 “假朋友”变成“真朋友”的方法

应该说，以上所讨论的大多数“假朋友”情况都无法变成“真朋友”(true friends)，但有少数情况可以通过某些手段变成“真朋友”，其中最重要的一种手段就是移情。所谓移情，就是跨文化交际(翻译是其中一种)的双方都试图站在对方的立场上，了解对方文化，以“双文化人”的身份来看待对方的文化及对方语言中表现出来的文化，如上面提到的 dragon 与“龙”这对准“假朋友”已有渐渐变成“真朋友”的趋势，因为随着国际文化交流的深入，西方人对中国的龙，中国人对西方的 dragon 都有了更深入更全面的了解。西方人对汉语中的“龙的传人”“龙舟”“望子成龙”等表达中的“龙”译成 dragon 已开始慢慢接受。又如 thank you 与“谢谢”这对由于使用频率不同形成的“假朋友”也由于更多的中国人使用“谢谢”频率的增加而渐渐成为“真朋友”。可以想见，日益了解中国文化的外国朋友对颇具中国特色的问候语“吃了吗？”译成 Have you had your meal? 会逐渐理解，甚至接受这种问候方式，而不仅仅将它理解成别人要请客的意思。

如果说移情是一种较为主观的手段的话，那么时间因素就是某些“假朋友”变成“真朋友”的较为客观的手段。从本质上讲，时间因素与移情因素是密不可分的，因为移情需要充分的时间来保证。时间因素就是随着时间的推移，某些“假朋友”中双方的使用频率开始由低到高或由高到低达到某种相对的平衡或一致。如 weekend 与“周末”起初是“假朋友”(中国大陆 1995 年之前“周末”只表示“星期天”)，1995 年后“周末”与英美国家一样也指周六、周日两天。另据高一虹的研究，汉语的“同志”一词的使用频率现在已下降，并且产生了“老正经、过分严肃”之义。从外语表达法的引进来看，许多一开始人们不习惯或不知所云的外语表达法现在已渐渐被中国人普遍接受，丰富了汉语的表达。如“一石二鸟”现在不但已被广泛接受，使用频率甚至有超过“一箭双雕”之势。另外的例子如“武装到牙齿”“对……说不”等也是如此。当然，随着时间的推移，带有翻译腔的某些表达法最终没能进入到汉语中而被淘汰，这样的例子也是很多的。

王佐良先生曾指出：“他(译者)在寻找与原文相对的‘对等词’的过程中，就要作一番比较，因为真正的对等应该是在各自文化里的含义、作用、范围、情感色彩、影响等都相当。这当中，陷阱是不少的，仅仅望文生义就会出毛病。”王先生所说的陷阱其实就是本章所讨论的英汉语中的“假朋友”，当然这里所涉及的范围不仅仅局限于“对等词”这个领域。正如本章前面提到的，“假朋友”不仅会出现在翻译中，也会出现在人们的外语学习中。但不管怎样，只要我们对此能有一个较清醒的认识，加强跨语言素养和跨文化素养，在翻译或外语学习中时刻保持一种警惕的心理，就可以避免误入这种貌合神离的“假朋友”陷阱。

第五章　英语文学互译中的文化问题研究

第一节　文化与翻译

翻译活动从原来人们认为的纯粹的语言之间的转换活动越来越被看成是跨文化的活动。然而，翻译作为特定语境下的跨文化交际活动，并不涉及某一文化整体的所有方面。

浙江大学许力生教授在其著作《跨语言研究的跨文化视野》中认为，讨论翻译问题要找到语言和文化的结合点——话语。特定的跨文化翻译通常并不涉及整体文化的所有方面，而只涉及相关的话语系统和话语社团。从“话语系统”“话语社团”的概念和理论出发，许教授认为语言之间的翻译实际上应该进一步划分为“话语内翻译”与“跨话语翻译”。他认为，表面上不同的语言体系或语言社团之间并不是彼此孤立、毫无联系的，而是有所重叠和交叉，即不同的语言体系或语言社团中包含有相同或相似的话语体系或话语社团。也就是说，使用某一语言的某些人可能会与使用另一语言的某些人属于同一个话语体系或社团，因此这些人之间的交流就是同一话语内的交流，就会很容易做到相互理解。他们之间交流的障碍主要产生于各自语言之间的差异。而对于那些不属于同一语言社团，又不属于同一话语社团的人们来说，他们之间的交流就比较复杂，理解上也会遭遇很多困难。同一话语社团内的交流与不同话语社团间的交流所存在的差异，必然对其产生深刻的影响，并因此呈现不同的特征。

这种观点为我们进行语篇研究和语篇翻译方法的选择提出了一个崭新的视角。文化的差异一般是存在于不同话语社团之间的。当然，“话语翻译”要建立在语篇分析的基础上。

一、语篇及其语篇特征

“语篇”在英语中可以是 discourse，也可以是 text。除了“语篇”这个术语外，在汉语中我们也常用“篇章”这个概念。我们这里说的“语篇”主要指言语行为的成品。它可以是书面的，如写成的文章；也可以是口头的，如说出的一段话，如一个交际行为的磁带录音就是这个交际行为的口头语篇。

语篇特征主要包括两个方面：结构性语篇特征和非结构性语篇特征。结构性语篇特征指句子本身的结构(如主位结构)；非结构性语篇特征指在不同句子中的不同成分之间的衔接关系。从语段发展模式分析，则可以看出文章作者是如何将一组概念和命题整合成篇章段落的。

二、语篇的文化差异

从本质上看，语篇结构模式是人们在特定文化的具体语境中使用语言完成其交际任务的习惯性方式和程序。从根本上说语篇的构建方式与所使用的语言没有必然的联系，尽管同一语篇模式在不同的语言中的实现可能会有一些差异。决定语篇构建方式的是文化，是基本文化观念与价值，包括如何看待外部客观世界以及人与世界的关系，如何看待人与人之间、个人与社会之间的关系，等等。这些决定文化基本特质的东西在很大程度上决定着人们会构建出什么样的语篇来。

卡普兰曾认为汉语语篇的“螺旋形”模式是因为受传统“八股文”的影响，并且认为八股文至今还影响着中国人的写作，以“起、承、转、合”方式来组织篇章段落依然十分普遍，他这样看问题实质上是将语篇结构方式归结为文体特征的影响。斯考念也认为汉语表述方式是间接的、迂回的，但他并不将其仅仅归结为八股文的影响，而认为这与中国文化中的传统价值观有关。

相对而言，西方传统文化强调个体，交际双方通常被认为是相对平等的。因此西方人在写作过程中更加突显个人的观点与见解，直截了当，较少掩饰。而中国传统文化强调群体，个体被看作群体中的一员，由社会所规定的双方地位、双方关系以及是否归属同一群体，对人们的行为有很大影响。因此中国人在写作过程中善于将个人观点隐蔽在群体观点之中，喜欢使用成语、名言，过多地依赖历史、传统和权威来阐述自己的意见和观点，以获得他人的认可。

因此，语篇的差异与使用的语言之间的不同并无本质上的联系，而与人们对语言的使用，即话语密切相关。因此一些用不同语言写成的语篇之间的相似之处可能明显大于用同一语言写成的语篇之间的相似之处，某些同语言语篇之间的差异也可能大于与另外一种语言语篇之间的差异。那就是说，有些汉语语篇会跟某些英语语篇有更多的相似，而同样是汉语语篇或是英语语篇，有些语篇各自内部之间的差异也许还会大于另一种语言语篇的差异。语篇结构的差异，在深层次上反映出传统文化因素的内在制约，这是毋庸置疑的，也是客观存在的事实。值得指出的是，不同民族语篇结构的差异实际上是不同风格的体现，没有高下、优劣之分。中国人常常是先摆事实、讲理由，然后再得出结论；而英美人一般是先表明自己的立场观点，然后再加以论证。就表达结果来看，是殊途同归。但由于传统文化的影响，东西方的思维习惯、表达方式存在一定的差异，往往会在跨文化交际中产生一些误解。如英美人时常认为中国人讲话不着边际，喜欢绕弯子；而中国人则觉得像英美人那样一上来就表明自己观点立场的做法显得太突兀，不够礼貌。

在当今世界的民族国家中，多元文化变异现象已成为普遍现实，民族文化早已不是同质的了，民族语言的界限也越来越多地被逾越。同时，今天的语言，尤其是那些使用范围广泛、使用者人数众多的语言也在不同国家、不同地区、不同群体中发生种种变异，形成众多的各不相同的话语系统，而这正是社会文化的多元化所致。文化上的不同导致语言使用上的不同，由此而产生了不同的话语系统，即语言使用上的变异。这种情况的存在就要求我们应从跨语言、跨文化的角度出发来研究问题，发现问题。

第二节　英语互译中文化意向与信息的传递

语言不能脱离文化而存在，文化是语言赖以生存和发展的土壤。英国翻译理论家苏姗·巴思内特曾把语言比喻为文化有机体中的心脏。语言的翻译不仅是语符表层指称意义的转换，更是两种不同文化的相互沟通与移植。因此，笔者认为，翻译中是否实现文化信息的传递是衡量翻译质量好坏的一个重要标准。

一、文化信息传递与翻译的关系

文化学者认为，文化是人类社会“政治、经济、艺术、教育、修养、语言、文学、思维的总和”。语言作为一种符号，是人们借以传递他们在一定社会生活中需要交流的各种内容的工具。这些内容既反映人们的生产活动，也反映了人们的思想感情。把这些生产活动和思想感情放在一定的社会中就形成了一定社会的文化。而语言作为文化结构中的一个重要组成部分，承载了一种文化的大量信息。因此翻译既是一种语言符号的转化活动，又担负着传递两种语言之间文化信息的使命。美国翻译理论家尤金·奈达指出“翻译是两种文化之间的交流。对于真正成功的翻译而言，熟悉两种文化甚至比掌握两种语言更重要。因为词语只有在其作用的文化背景中才有意义。”在翻译中尽可能地实现文化信息的传递，才能真正实现不同文化之间的交流，发挥翻译的跨文化交际功能。

二、文化信息传递在英汉互译中的重要性

就英汉之间的翻译来说，英语和汉语反映着不同的文化，即各自在历史发展中形成了全社会共有的社会结构、生活方式、民俗、传统观念及文学艺术。我国民族文化和英美文化之间，由于社会制度、民族历史、生活方式以及地理环境的差别形成的文化差异是很大的。表现在语言上，无论是词语的理解与运用，还是表达习惯都有差异。

在英汉互译的过程中，如果能抓住源语背后的文化信息，并在目标语言中用读者可以理解的表达方式传递出原文的文化信息，那么翻译用来交流文化的目的便达到了。在英汉互译的过程中，如果不注重传递语言所承载的文化信息，常常容易出现误译，甚至产生笑话。

三、英汉互译中传递文化信息需要考虑的因素

（一）习惯表达

习语具有强烈的文化特征，其中蕴涵着丰富的文化信息。但许多习惯表达在

语言形式或表达方式上各有特色。要把握两种文化的对比，既要保证源语文化信息传递的信息度，又要力求文化信息传递的有效度。

（二）生活环境不同

当某事物在其生活环境里不存在时，可能出现词汇空缺，这里的词汇空缺是指原词汇所承载的文化信息在译语中没有对应语。

（三）形象词语选择不同

形象词语选择不同，造成语义联想不同。例如，在我国，猫头鹰也称“夜猫子”，由于其啼声凄厉，人们把它的叫声与灾难和死亡相联系。如“夜猫子进宅”意味着大祸临头，厄运将至，故猫头鹰被看作是厄运的征兆；而西方人则把猫头鹰看作是智慧鸟，是智慧的象征。

（四）英汉语言中都存在着特定的典故

由于文化背景大相径庭，一些典故借用的喻体形象无法让译语的读者联想到其喻义。对于读者来说，如果没读过该小说，很难从译语的形象联想其喻义。同理，汉语中的诸如“请君入瓮”“东施效颦”之类的典故也有着特定的文化来源，在翻译中，需把握好这类文化信息的传递，否则译犹不译，更谈不上文化的交流了。

第三节 英语互译中的文化差异及应对策略

一、英汉互译中的文化差异

美国翻译理论家尤金·奈达指出：“翻译是两种文化之间的交流。对于真正成功的翻译而言，熟悉两种文化甚至比掌握两种语言更重要。因为词语只有在其作用的文化背景中才有意义。”也就是说，翻译是译员将一种语言所蕴含的意义用另一种语言表达出来的文化活动，即跨文化交际活动。由于世界各国、各民族的地理环境不同，社会历史发展进程不同，文化也存在较大差异。

英语和汉语分属两大不同的语系，其语言所承载的文化差异十分显著。因此，英汉互译的过程中，译员不仅仅只是将两种语言符号进行转换，还要了解两种文化之间存在的差异，克服由文化差异造成的语言障碍，使译文尽可能“信”“达”“雅”，从而达到跨文化交际的目的。所以对英汉两种语言的文化差异将做以下几方面分析。

（一）历史文化的差异

历史文化是指因特定的历史发展和社会沉淀形成的文化。由于各国历史发展的不同，在漫长的历史过程中所形成的文化也不尽相同。长久以来，语言在历史发展过程中蕴含着丰富的历史文化信息。两种语言之间进行翻译时，译员经常会由于不了解历史文化差异，不理解语言背后的文化内涵，而出现词不达意的现象。若要译员翻译准确、恰当，就必须了解语言背后丰富的历史文化内涵。

成语、习语和谚语是一个社会的语言和文化的重要组成部分，是千百年来人民群众智慧的结晶，也是语言中最精炼、最有活力且富有哲理的部分。任何一个民族的成语、习语和谚语都与该民族的历史、文化和生活习俗有着千丝万缕的联系。东西方文化差异较大，从字面上不易理解其义，因此在翻译它们时往往会出现偏差。由此可见，成语、习语和谚语最能反映出一个民族的语言特色和文化传统。在文章中，尤其在文学作品中，对它们把握的准确与否，直接影响到译文的质量。

遇到这些情况，译者应注意以下几点：①广泛了解两种文化对人对事的不同态度，切不可望文生义；②透过原作的语言表层结构，抓住其精神实质，发挥本国语言的优点，使文化差异趋于缩小，力求表现出原文的神韵；③在翻译一组对应的中文和英文成语时，即使意思相近或形式相似，也要注意确切含义和感情色彩的细微差别，不能生搬硬套；④译法不是一成不变的，必须根据不同的上下文，灵活地加以处理。有的成语、习语和谚语不妨直译，以便保持原文形象生动。

（二）生活方式的差异

个人的价值观念和思维方式主要来源于生活。两个不同的民族，生活环境不同，生活方式也会有所差异，这就势必造成两个不同民族的人们价值观念和思维方式的截然不同。中国人一般视追逐金钱、名利为不齿的行为，而西方人则认为只要是通过努力正当获得的钱财，应该尽多获取，并不认为不倦追求金钱名利是坏事。因此，中国人往往会用贬义词“唯利是图”“利欲熏心”等来形容追求金钱和名利，而西方人则不同，他们认为追求金钱和名利是努力的表现，会使用褒义词“effort”，常说“have an effort to main chance”来表达对金钱和名利的追求，而很少说“seek nothing but profits”。还比如，中国人见面时习惯性地问“你去哪儿呀？”“你干什么去呀？”“你多大了？”，这些打招呼的方式在中国早已成为习惯，认为是拉近彼此距离的最佳用语，而西方人十分注重隐私，忌讳与他人交谈自己的私人问题，听到这样打招呼的方式会让他们感到不舒服，认为对方想窥探自己的隐私。他们见面时只会用“hello”“How are you”“good morning”等简单的问候。这种种的不同都是由于两个不同民族生活方式的差异所形成的。

（三）思维方式的差异

在“天人合一”的宇宙观指导下，中国人追求与自然和谐，群体至上。在思维模式及语言观上都倾向于从整体到局部、由大到小的顺序全面考虑，最后考虑具体细节。由于中国人常采用笼统性的整体思维方式，强调篇章整体意义，又由于汉语是主题显著语言，只要主题明确，主语有无关系不大，因此汉语句子中常出现指前照应现象，特别是当人称代词作句子主题的时候。英译时须按英语是主语显著语言的特征，增补主语实现粘连。而“天人相分”的宇宙观决定英美人以逻辑、分析、线性为特征的思维模式，即从具体到整体，由点到线。从文化语言来看，强调抽象性和精确性，个体至上，求变好奇。虽然任何语言(包括汉语)的佳作都要靠深刻的内容、生动的描述、鲜活的形象表达取胜，但由于受英美文化的个人主义取向的影响，英语表达的喜新厌旧几乎达到登峰造极的程度，现代英语大师们几乎毫无例外要求打破常规，不断创新，反对使用所谓陈词滥调。从本质上讲，英语是形态语言，其语法关系主要是通过词本身的形态变化以及一定的虚词来表达的。英语的主谓结构是全句的主干和焦点，英语句子在表达复杂意思时，大多采取增加结构层次、登床架屋的方法，构成树型结构。汉语语法关系的表达直接依赖于语义、语序和逻辑，汉语句子在表达复杂意思时，一般按时间顺序或事理逻辑顺序，逐步交代，呈线性结构层层铺开。根据两个民族语言思维方式的差别，在英汉互译中要注意译语句子须符合其自身的特点：汉译时不可拘泥于原文的层次结构，避免过度西洋化而不合汉语语感；英译时力戒太松散，否则会显得支离破碎，背离英语行文方式。具体说，英译汉时，句子由树型结构向线性结构转化即从有主干变为无主干，焦点变散点，由层层相扣变为句段相承的疏散铺排。

英语句子多靠形合，各种连接词起到“黏合剂”的作用；汉语句子多靠意合，靠语义的联系结合在一起。与意合和形合密切相关，中西方思维还存在着主体意识和客体意识的差别。中国人讲人法自然，万物皆备于我，因此万事万物都有强烈的主体参与意识，语言表达上多以“人”这个主体为主语。西方人由于理性的分析而执着于主客分离和区别，所以，一方面，或以人主体为主语，或以事物这个客体为主语，视需要而定；另一方面，更多地持客观审视的态度，以事物为主语，对之进行客观、冷静地剖析。这就导致了英汉语篇主语或重心的差异及由此造成的英汉语篇衔接手段的不同。

语言是思维的结果，构成词语或短语的成分之间线性排列次序也同样反映出人类思维的轨迹，即词序映照的思维顺序。在主次顺序上，两种语言之间亦存在着于文化思维认知差异下的不同表达顺序，英语要采取迥然不同的顺序，遵循的是人类先寻栖身之所、再寻觅饭食的理性思维顺序，同时于两词间的拼写形式的长短数上亦要符合英语的尾重原则。汉字的结构特点决定着构成汉语联复词和成语等凝固词的两个或四个汉字前后之间，在拼写形式上具有一种平衡性和对称性。对于成对的词，英语民族于思维上有其自身的平衡方式与规律，即采用“先短后长”的组织顺序，借以避免视觉和心理上的“头重脚轻”的失衡感，从而达到种相对的平衡感。这种思维定势决定着英语在成对词的词序排列上往往采用“数量尾重”的顺序，这与英语句法结构翻译所遵循的尾重原则是一致的。

（四）风俗习惯的差异

风俗习惯是不同民族的人们经过历史的沉淀表现出来的约定俗成和固定思

维。它既受到政治、经济、宗教文学等因素的影响，又反过来影响这些因素。以中西方人在颜色方面形成的风俗习惯为例，中国人崇尚红色，忌讳白色。红色象征着富贵、吉祥和喜庆，而白色则预示着死亡、凶险和悲凉。因此，人们在生活中就形成了一些与之相关的风俗习惯，春节时家家户户要贴红对联，挂红灯笼，希望在新的一年富贵又吉祥。年轻人结婚时家里要贴红双喜，新娘要穿红嫁衣，希望新人快乐和幸福。家里如果有人去世，为表达悲伤，家里则要设置白色灵堂，家人还要穿白色孝服。然而在西方国家则正好相反，红色征着血腥、危险和淫秽。白色则是纯洁和高雅的代名词。也就是说，不同的风俗习惯对语言的表达也会造成截然不同的影响。

（五）英汉修辞的差异

英语、汉语分别属于两种不同的语系。由于双方历史发展不同，风俗习惯、生活环境各异，甚至美学观念也有所差别，所以往往在表达同一种概念的时候，双方使用的比喻或修辞格也不尽相同。因而，一些性质相同的修辞格，在结构上和运用范围上都有差异。对修辞格上差异的研究，有助于在翻译过程中正确理解原文，从而在译文中准确地表达它们。译文若不能准确表达原文中的修辞手法，就不能忠实地表达原文的思想、精神和风格。

不难看出，英语、汉语都具有极其丰富的修辞手法，而且绝大多数英语常用修辞格都能找到与之相对应的汉语修辞格，它们无论在结构上，还是修辞作用上都彼此十分相似。但相似并非相等，而是“同中存异”，倘若译非所宜，会使原文黯然失色，有失大雅。我们在翻译中遇到这类修辞格最好注意下面几点：①尽量地采用结构相同、含义一致的汉语修辞来表达英语的修辞格，以保持原文的结构风格；②要分析两种语言修辞格的异同，探讨它们各自常用的比喻形象能否为对方所接受，以及它们的词汇搭配是否符合对方的习惯；③不能拘泥于个别字眼，一成不变，应吃透其内在含义，联系本国人的习惯说法，准确地表达原意。

（六）宗教信仰的差异

无论是哪个民族，宗教在民间社会生活中都占有非常重要的地位，并深刻地影响着人们的生活，成了各民族文化的重要特征。儒教、道教、佛教对中国人的影响十分深远，汉语表达中也时常会出现与这三大教有关的称呼和概念，例如，道教中的“玉帝”、佛教中的“观音菩萨”等。然而，这些概念在西方文化中是不存在的。西方人多信仰基督教和天主教，认为世界是上帝创造的，世上的一切都是上帝安排的。由于宗教信仰对各民族的人们都具有十分重要的意义，所以在翻译时尤其要考虑中西宗教信仰方面存在的差异，以免引起歧义。因此，我们在这里谈到文化的深层结构价值观念对英汉互译方方面面的影响，最后都要落实到翻译的根本，即互译的句子符合译入语的行文习惯，一看就懂，充分考虑到译入语的读者对这些表达可能产生的印象。由于英汉两种语言是不同民族历史文化的结晶，因而在我们与西方的交往过程中，确实存在着很多文化方面的冲突。这正是大家在英汉互译中重视文化差异，特别是价值观念的原因。

综上所述，关于英汉互译中存在的文化差异问题当然不局限于上面所说的几方面。只能说以上几方面的问题较为常见。尽管这种差异是客观存在的东西，但翻译工作者总想千方百计地做到使译文忠实于原作，并在具体的翻译过程中，极有必要广泛阅读西方英语文学作品、报纸、杂志和时事评论等材料，从中汲取文化知识，增加文化素养，拓宽西方文化视野，提高跨文化交际能力。

二、英汉互译中的文化差异的应对策略

翻译不仅是语言符号间的转换，更确切地说是文化符号间的转换。各民族文化间的共性使转换成为可能，文化的差异使转换不可能完美，甚至可能成为一定程度上的障碍。文化的个性会形成文化差异的鸿沟，译者的使命就是架设跨越鸿沟的桥梁。无论英语还是汉语，都有许多具有浓郁文化特色的词语，特别是在许多成语、谚语、俚语、方言、颜色词、动物名词、人名、地名中文化内涵十分丰富。翻译这样的词语，一方面要尽可能传达出源语的文化内涵，另一方面又不能逾越译语文化和译语读者可接受的限度，具体来讲，进行不同文化之间语言的转换主要有三种应对策略。

（一）意译法

意译法是从意义出发，只要求将原文大意表达出来，不注意细节，译文自然流畅即可。这种方法不注意原作语言形式，包括句法结构、用词、修辞手段。

（二）直译法

直译法是指译文在形式与内容上都与原文非常接近的一种译法。只有原文中的词语用法、词序排列、句式结构等各个方面均与译入语非常相似的句子才能采用直译法。这种方法保留住原文的形象化语言，有利于读者去了解异域文化。同时，新形象的引入，有利于提高译入语文化对异域文化的解释和消化能力，成为译入语的“新鲜血液”，但表达时切忌生搬硬套。

（三）借用法

借用法就是借用译入语现成的俗语来传译原文中的俗语。有两种情况：①源语中的表达方式在意思和形象上同译入语的表达方式相似；②源语中有许多表达方式尽管在译语中找不到“形同意同”的对等表达方式，但却可以找到“形异而意同”的表达方式。概括而言，英语和汉语两种语言所蕴含的文化差异的确为翻译带来了很大的障碍。从某种程度上说，决定翻译作品是否难易的关键是源语的文化现象。翻译作品难度越小，越能说明其文化差距越小，那么，双方交际成功的概率则越大；反之，翻译作品难度越大，越能说明其文化差距越大，那么，双方交际成功的概率则越小。因此，我们应主动了解和认识翻译中存在的文化差异，主动寻求最佳的翻译方法，减少或消除文化差异所造成的困难，使译文不仅在文字表述上最大限度地接近原文，在文化意义更要与原文保持一致。只有如此，才能通过翻译与其他民族进行准确的语言交流和文化碰撞。

第四节　英汉互译中的文化失真与“不可译”现象

一、英汉互译中的文化失真现象

文化是人类社会历史进程中所创造的物质财富和精神财富的总和，是人类社会文明进步的全部成果。在当今经济全球化、文化多元化的时代，国家和民族之间的交往与接触日益频繁，推动着各民族文化之间的相互渗透和交流，加速了不同文化之间的趋同和融合。

无论中国或西方，翻译活动都已有一两千年的历史。人类的翻译活动忠实地记录了千百年来世界各族人民之间的政治、经济、军事、科技和文化等的交流。佛教、基督教和伊斯兰教的向外传播，马可波罗东游华夏，哥伦布发现新大陆，郑和下西洋，鉴真东渡扶桑，中国四大发明的传播，及至近现代西方“民主”“自由”“平等”和“人权”等各种思想传入中国，改革开放后新科技、新思想在中国的快速流行等，翻译在中间扮演了非常积极和重要的角色。

但是，各国各民族文化的差异也导致语言翻译中出现了文化失真的现象，使得处于某种文化中的人在接触译文时无法完全理解、甚至可能误解，从而给文化交流造成了一定的负面影响。

（一）翻译中的文化失真现象的含义

所谓翻译中的文化失真现象，就是指在跨文化传播和交际过程中，某一方文化的部分信息甚至全部信息在翻译后产生的令另一方文化的接受者对该文化无法了解或误解的一种文化丧失或扭曲变形现象。在英汉互译中，这种文化失真现象是大量存在的。

（二）文化失真现象产生的缘由

我们知道，翻译“是一个涉及信源、信宿、信号、信道和噪音等要素，以及编码和解码的过程”。正是在这个编码和解码的过程中，由于存在“影响和干扰信息传播的因素”，使得跨文化传播中的信息传递发生了某种扭曲。译者之所以会受到干扰，造成文化失真，其原因可以分成主观和客观两个方面，即故意和无意。

1．从客观上来分析

译者在翻译过程中会受到诸如心理、生理、语言技能、文化知识等因素的影响，无意之中产生了文化失真现象。对于这些，有的可以防止，有些则难以避免。

受心理和生理因素的影响主要是发生在口译工作中，如果口译的现场气氛相当严肃紧张，译员便会面临巨大的心理压力，如果不能很好地调整心态或是持续疲劳，各种感官的机能减弱，就容易出现翻译失误，其中就包括文化失真现象。

此外，语言技能和文化知识因素的局限，也是导致文化失真现象的重要原因。在翻译工作中，有的人只是重视语言技能而忽视文化知识的掌握，这是相当有害的，常常出现严重的文化失真现象。

这些事例说明，译者受到自身语言技能尤其文化知识的限制，忽视语言转换过程中文化层面的对应，没有认真挖掘语言表象所涵盖的内在意义，以致出现文化失真现象。虽然这是一种客观的无意行为，但却是可以避免的。不过，也有一些客观的文化失真现象因翻译对象的不可译性而无法避免。比如某些笑话或是字谜题，其中包含了某种文化现象，若是把他们翻译成另外的语言，文化失真的现象就会在所难免。

2. 从主观方面来分析

译文里出现文化失真有时出于译者的主观故意行为，这与其所处的社会时代背景和个人价值观等方面有着一定的关系。我们知道，由于不同民族的社会风尚和伦理道德迥异，常常很难使原文做到忠实传译，进而引起文化失真。比如在法国，男女间一旦可以亲吻嘴唇，那就几乎等于可以同床共枕了。所以为了照顾民族习惯，怕有伤使用译文语言国度的风化，法国人在翻译英国小说时，将英国式父女亲嘴改为法国式父女拥抱。显然这是有异于原意的改写，不能达到“传真”效果。

（三）英汉互译中文化失真的应对策略

打好扎实的外语基础，加强自己的母语功底。要花足够的时间进行训练和实践，并掌握一定的翻译技巧和方法，才能够做到外语和母语之间的熟练转换。

多接触和了解所学外语国的文化，有意识地把它与本国文化进行比较。要留心哪些在一国文化中是正面形象的事物而在另一国文化中却是负面的，哪些在一国文化中是妇孺皆知的而在另一国文化中却是闻所未闻的等。平时可以多看有关方面的电视、报纸或杂志，以防在翻译中出现笑话。

树立正确的人生价值观，提高自身的道德水平和个人修养。谨遵古人“知之为知之，不知为不知”的谆谆教诲，认真严肃地对待每一个翻译过程。前面已提到过有些文化失真因翻译对象的不可译性而无法避免，碰到这种情况，译者应本着实事求是的态度，作出相应的说明，适时让他们了解不同文化的差异。这虽然是不得已而为之，却是处理不可译性、避免文化失真的上上之策了，可千万不能乱译。再则，更不能利用人们不懂外语而随意篡改源语的文化信息，把翻译变成个人的牟利工具，那就是翻译者的品德问题了，而且会进一步扩大文化失真现象的出现。

二、英汉互译中的文化的“不可译”现象

长期以来，古今中外许多翻译理论家和实践家纷纷就翻译的可译性与不可译性进行过不同程度的探讨与剖析，并且展开了激烈的讨论。英国著名的语言学派翻译理论家卡德福特根据产生不可译性的原因将其分为语言上的不可译性和文化上的不可译性；而英国著名翻译理论家纽马克在他的交际/语义翻译理论中却提到“there is nothing untranslatable”；张达聪先生曾将翻译分成三类：完全可译性(completely translatable)、部分可译性(partly translatable)和完全不可译性(completely untranslatable)。本人基于对翻译的了解和认识，认为英汉互译的确存在不少不可译现象。

翻译是一种跨文化的交际活动。虽然翻译中信息的转化是可能的，但是我们在翻译的实际操作中却会发现，完全对等、准确无误的翻译有时是不可能的美国当代翻译理论家尤金•奈达在《对等的原则》一文中提到“语言间不可能做到完全的对等，因此也没有完全准确的翻译。译文的总体印象只会接近原文，而不可能在其体内容上一致。”这就是翻译界经常会提到的“不可译”现象。

（一）文化不可译的内涵

文化差异是普遍存在于各民族、各地区的，通用一种语言的中的不同地区之间尚有很大的文化差异，更不要说使用英汉两种语言的国家之间的文化差异了。

正如尤金•奈达曾经说过，翻译中出现的最严重的错误往往不是因为“词语表达不当造成的，而是因为错误的文化假设所致的。归根结底，翻译中的大部分问题都起源于两种语言差异而造成的障碍”。文化上的不可译顾名思义是由文化引起的，具体说来主要是由于各个国家的地理环境不同，文化起源不同因此所表现出来的文化模式与特征也各不相同，特别是价位观念、思维方式、审美情趣等均有很大的差异正是由这种差异所造成的不可译性称为文化的不可译性。

英国语言学家、翻译家 Catford 在《翻译的语言学理论》中根据不可译性产生的原因将不可译性分为“语言学上的不可译性”和“文化上的不可译性”。本文就将从这两个角度来分析不可译性在英汉互译中的体现。

（二）语言上的不可译性

语言上的不可译性指在语言形式方面，译语没有与源语文本相对应的形式特征。这主要来自于两个方面：第一，源语中的两个或两个以上的词汇或语法单位共用一个语言形式；第二，源语单位一词多义在译语中却没有相对应的表达形式。英语属于印欧语系，而汉语属于汉藏语系，其语音系统，文字结构和修辞方法都完全不同，这些大多数都很难在另一语言中找到对等语，这便造成了语言上的不可译性。具体主要表现在以下几个方面。

1．语音的不可译性

每种语言都有其特殊的语音系统，这是其他语言所无法替代的。英、汉两种语言在语音规律上相差迥异，某些语音现象在另一种语言中不存在相对应的形式，致使在译语中根本无法译出。从语音角度看：首先，汉语是单音节语言；而英语，却是集单音节、双音节和多音节为一体的语言。其次，汉语是声调语言，讲究平仄；而英语无声调，只有语调的升降之分。正因如此，将汉语对仗工整的诗或对联译成英文，既讲究其形美、意美，又苛求其音美，实在是不可能的。

2．文字特征的不可译性

汉语是表意文字，而英语是表音文字，两者在书写上大相径庭，故两者的文字特征无法互译。

3. 语法结构的不可译性

英语属于屈折语，有形态变化，而汉语为分析语，从严格意义上讲，没有形态变化。因此，在英汉对译过程中，一种语言用语法手段表达的内容，另一种语言有可能用词汇手段来表达，反之亦然。此外，与英语相比，时间顺序原则是汉语最普遍的语法规则，有独立的理据和很高的诊释力。汉语语法参照逻辑领域的原则多于参照语法的规则，而英语参照的多是语法范畴内的规则。因此在英汉互译的过程中无法实现“等值”，这在英汉语长复句的对译中尤为突出。

4. 语言修辞的不可译性

英汉两种语言正是有了各自的修辞手法，才变得生动、耐人寻味。在翻译实践中，“译文若不能正确表达原文的修辞手法，就不能忠实地表达源语的内容、思想和风格，即使大意差不多，也会削弱原文的语言感染力”。由于英汉民族在思维形式和审美观念等方面相差甚远，故而在表达同一概念时，往往会使用不同的修辞手法，这便造成了英汉互译中语言修辞的不可译。由于语言修辞上的例子很多，不便一一列举。但是，要把源语中的修辞译成另一种语言就相当困难。

叠词是汉语的一种常见的语言修辞形象，即将两个音、形、义完全相同的词重叠使用，增加语言的生动性和形象性，然而在翻译的过程中既要追求其意美、形美，又要苛求其语音上也体现出源语的效果，几乎很难做到。

(三) 文化的不可译性

文化的内涵和特征是在一定的历史条件下形成，受地理环境，生活习俗等的影响，随着社会历史的发展变化而变化的。而文化的差异性是由所从事的物质生活方式以及所建立的社会组织形态的多样性造成的。由于各个国家的地理环境不同，文化起源不同，所表现出来的文化模式与特征也各不相同，特别是价值观念，思维方式，审美情趣等均有很大的差异。包惠南和包昂把民族文化的可译性限度分为：“物质文化的可译性限度，观念文化的可译性限度，习俗文化的可译性限度和地域文化的可译性限度。”卡特福特把文化不可译性产生的原因归纳为：“与原语文本功能相关的语境特征在译语文化中不存在”。

正是由于不同国家、民族都有其独特的发展历史、社会制度、生态环境、宗教信仰和民情风俗等文化背景，所以在翻译过程中便造成了文化信息和文化内涵的缺失，导致了文化上的不可译性。主要表现在以下几个方面。

1. 物质文化

由于世界各地物质文化发展的不平衡和区域的独特自发性，就造成了国与国、地区与地区、民族与民族之间在物质文明上的差异，而这些差异又无不反映在各自的语言之中，这就给翻译带来了重重困难。

2. 地域文化

由于不同民族所处的地理位置不同，对于不同的事物，他们各自都会有自己的词语范围。例如，南美洲的玛雅人生活在热带森林之中，每年只有干季和雨季之分。使用当地的玛雅语，是无论如何也译不出欧亚语言中的“春夏秋冬”四季来的。如果中国读者对相应的文化背景缺乏了解，则不能够理解源语的文化内涵。

3. 历史文化

不同国家和民族，都有其独特的历史文化，如某些源于历史事件、神话传说、文献名著的英汉典故、习语和成语等，在英汉互译时，就有可能造成文化信息和文化内涵的缺失。

4. 指称词语义转义

某些词语本来是用来记录源语中某些特殊文化事物的，但是在翻译过程中原有的所指意义消失而发生转义。这时，译语虽可创造一定额度的语言符号来指称这一特有的文化事物，但一时却不能在其所指意义之上产生原词语所含的转义。

5. 文化词汇的空缺

文化词汇的空缺是指译语缺乏表达源语反应特有文化现象的对应语。以一种语言为参照，其他任何一种语言的词汇场中都有可能有“词汇空缺”，由此产生不可译现象。中国人长期以来，受宗教观念的影响，很注重家庭伦理关系，父系与母系双方纵向和横向的亲属关系分明。这就导致了汉语亲属称谓上的具体性和繁杂性，与西方较简单的、笼统的称谓有明显的区别。英语中的aunt在汉语中的等值成分有“姑姑”“姨妈”“婶婶”“舅妈”以及对一般长辈的尊称，若无特定的语境，aunt一词无法找到对应的翻译。再如汉语的“饺子”“麻将”“磕头”等一些中国特有的事物，在英语中也很难找到对应的翻译。

6．指称词语义的文化冲突

这里的冲突指的是词语文化信息符号的语用意义在语际转换中呈冲突形式。源语中某些词语所指称的事物在译语文化中存在并有相应的指称词，但一种语言文化对该事物所赋予的联想意义与另一种语言文化所赋予的联想意义不尽相同，甚至相反。

综上所述，语言和文化的差异给翻译带来了很多困难和障碍，其中有些是难以克服和跨越的。但是随着文化交流的深入，英汉互译的文化不可译性将更多、更大程度上地朝可译性方向发展。而语言的可译性可以通过意译、套译、解释性翻译或加注译等方法进行弥补。只有这样，才能创造出与原文精神“最接近、最自然”的译文，让翻译的不可译性向可译性转化。

（四）“不可译”现象的翻译应对策略

通过以上从语言上的不可译性和文化上的不可译性两方面的分析，我们得出这样的论：语言上的不可译性是绝对的，而文化上的不可译性则是相对的，在特定的条件下，文化上不可译性可以转化为可译性。该文针对该情况，提出了如下几种翻译策略。

1．补偿的分类

翻译过程中，当遇到难以直接翻译的词句，译者往往需要借助译入语特有的语言表现手段，尽力弥补译文语言效果方面的缺损，以使译文达到与原文大体相同的效果，这种翻译过程就是补偿。采取补偿的翻译策略，考虑更多的是译入语或目的语的文化和遣词用字习惯，实际上是一种归化的翻译策略。20世纪60年代，翻译理论文献中先后出现过 compensation，compensatory 等与补偿相关的术语，然而界定仍不明确。20 世纪 80 年代初，威尔斯在《翻译：问题与方法》一书中多次提到补偿这一概念，称其为解决语言内及语言外结构差异的手段，后者指文化上的不可译性；他也论述了词汇翻译的迂回策略，即解释性翻译，认为这是译者可以采用的唯一补偿手段。自 20 世纪 80 年代后期开始，对补偿的功用及分类更为明确。英国著名翻译理论家纽马克认为，补偿主要用于弥补译文在语义、声音效果、修辞及语用效果等方面的缺损。最著名的是赫维和希金斯提出的补偿的分类。

(1) 类比补偿：在译入语文本中运用与原文相当的语言手段，再现原文效果；

(2) 换位补偿：译文在不同于原文的位置再现相同的效果；

(3) 融合补偿：译文将原文多个特征融合在一起；

(4) 分解补偿：译文将原文较短语句的含义和特征融合在译文较长的一段话中。

上述几种形式并不互相排斥，可以同时运用。我国学者柯平先生认为变通和补偿手段包括加注、增益、视点转换、具体化、概略化、释义、归化和回译。马红军先生则将补偿手段划分为显性补偿和隐性补偿，前者指明确的注释(包括脚注、尾注、换位注、文内注以及译本前言、附录等)；后者包括增益、具体化、释义、归化等手段，指译者充分利用各种译入语手段对原文加以调整。翻译界普遍认为，有关双关、典故与语音效果的转换应视为补偿，而与特定文体及修辞无关的变通手段(如语法转换)则不应属于补偿。马红军先生认为只要释义或变通是为了再现原文语言效果及传达言外之意，均可归于补偿。

2．异化和归化的翻译策略

各国语言学家、翻译工作者从不同角度对跨文化交流问题进行了探讨，提出了各种各样的翻译策略。“异化”与“归化”就是最具代表性的两种方法。归化以原语文化为视点，异化以译入语文化为视点，前者主张译文应尽量适应译入语的文化习惯，为读者着想；后者提倡译文应尽量去适应原语的文化及原作者的遣词用字习惯。

美国现代翻译理论家奈达提出了所谓的“动态对等”或“灵活对等”的翻译方针，换言之，就是不把着眼点放在两种语言的对比上，而放在译文读者的感受上，也就是把重点放在“译文和原文对读者所起的作用是否相同上”。所以这种“动态对等”或“灵活对等”的翻译就不限于一种译法，而要求从各种可能的译法中挑出最接近原文效果的译法。奈达主张把“翻译过程”看作是“不断从各种不同译文中选择最佳或较佳译文”的过程。

综上所述，由于英汉两种语言结构的特殊性和民族文化的差异性，翻译中不可译性限度的存在是一个不争的事实。但译者不能因为害怕文化意象的丢失而将其束之高阁。译者要深入探讨两种语言的特点，努力缩小这种限度。补偿无疑是翻译不可译现象的一种非常有效的方法。笔者认为不存在完全不可译现象，任何语言现象是基本可译的。采取适当的补救方法使译文与原文达到较高层次的对等是解决此类问题的关键。

第六章　不同英语文学形式分析研究

第一节　英语歧义现象研究

一、英语歧义产生的原因

歧义是任何语言都无法避免的一种普遍现象，它是指一个词语或一个句子在意义上的模棱两可，可以有两种或两种以上的解释，英语也不例外。由于英语多义词和同音异义词繁多，而且语法结构不甚严密，歧义现象显得特别严重。歧义造成误解，成为语言交往中的障得。造成歧义的原因是多方面的，人们无论是说话还是写文章，总是希望能准确无误地表达自己的思想，但英语的某些特点又决定了歧义现象的不可避免。歧义具体又可分为词汇歧义、结构歧义、指代歧义、话语歧义等。其中词汇歧义主要起因于一词多义或短语多义；结构歧义，又称句法歧义，它产生的主要原因是英语的许多句子结构不严谨。在日常交谈时，我们能够根据说话人的表情、手势、语调等澄清歧义。但是，在书面语言中，无法借助这些附加信息，如果脱离了具体的语言环境，就无法理解说话者的具体意图。因此，书面语言中出现了大量的歧义现象。

二、英语歧义的种类

任何一种语言都存在歧义现象，英语也不例外。有限音素的错综交叉组合，同音词、同音词组势必大量存在；有限书写符号的组合搭配拼写出众多的字、词，一词多义、一义多词现象比比皆是；更为有限的语法规则、结构框架，呈现出种种短语、句子的结构关系，一语二解、模棱两可的现在所难免。Kess 和 Hoppe 在其专著 *Ambiguity in Psycholinguistics* 一书中甚至提出“语言无处不歧义”的理论。英国近代两位文法大师 Jocobs 与 Rosendbaum 合著的 *English Transformational Grammar* 提供了“一句六解”的例句，可说是当代歧义句子之中的最高纪录。在实际教学中区别对待语言创造性的积极的一面和因歧义性而引发的消极的一面，无疑具有重要意义。

（一）无意歧义

歧义句类型很多，根据形成原因不同，英语歧义句可以分为语音歧义、词汇歧义和语法结构歧义三种。

1．语音歧义

语音歧义指的是语音上的多义现象。两个不同的单词，无论其拼法是否相同，只要发音相同，就有可能产生句子的歧义。这种同音异义所造成的歧义又称为谐音歧义。例如在诗歌、述语、幽默小品以及文学作品当中都不乏此类例子，作者使用谐音歧义是为了给文章平添无穷的乐趣，同时也增强了文章的修辞效果。

2．词汇歧义

词汇歧义主要是由于句子中的同一个词，有几种不同的意义或理解而引起的，这主要体现在同形异义词、多义词等几方面。英语中有很多的同形异义词或多义词很容易引起歧义。一词多义，顾名思义就是多义性。一个词在最初出现时作为某个特定事物、现象或行为名称，仅有一个意义。但随着语言的发展，该词被赋予的新义有多个。

英语是一种富有多义词的语言，所以一词多义是词汇歧义中最普遍的一种。同形异义是指不同词源的字词在长期演化过程中，碰巧变得形式相同而意义不同。这两类词都能引起词汇歧义。

3．语法结构歧义

语法歧义也叫句法歧义或结构歧义。在语言中，语句成分在整个句子中的作用是摇摆不定的，没有明确的修饰对象，因此形成了不同的句法功能。因为任何一个社会所接受的表达方式，都是以集体习惯或约定俗成为基础的，因此语言符号的编码形式具有社会性、规律性和相对稳定性。但在实际应用中，我们发现有些传统意义上的语法结构可以有多种解释，语法歧义相当普遍。

(二) 有意歧义

英语歧义，有利有弊。它的“弊”就是句意模糊，使听者或读者不能正确地捕捉会话含义。在交际中，无意歧义应尽量避免或消除。而有时歧义这一现象则被有意地利用，为语言增添光彩，我们把它称为有意歧义。说话人积极地利用语言结构矛盾来制造歧义，或一语双关，或声东击西，使语言幽默风趣，以达到特定的交际目的。所以在实际中，充分利用歧义不仅能加强表达效果，更是语言技巧和美感之所在。

1．产生幽默效果

有时歧义句可以用来达到幽默的目的。它使说话人含蓄地表达他的意愿，而且能消除尴尬，活跃气氛。

2．产生讽刺效果

在产生讽刺效果方面，利用语言歧义可以说比刀剑还锋利。这是语言技巧的体现，让攻击更具智慧。

3．表达人物情感

在文学作品中，歧义常用来刻画人物性格、行为，并表达人物的情感。

4．制造生动，吸引注意

这种现象经常出现于广告用语和宣传语中，因为可以使用歧义让语言更加简洁，且过目不忘。总之，在英语交际中，蓄意歧义是对语言技巧的应用，智慧的体现，而且能够理解和欣赏这种语言也需要智慧。歧义现象是一种很复杂的语言现象，是多种因素共同作用的结果，是语言表达不严谨的表现。如果我们要准确无误地表达自己的思想或观点，达到语言交际的目的，就要努力消除和避免歧义。要消除英语中的歧义，笔者认为有许多方法，比如：添加或改变词语以设置语境；

添加标点，改变语意；读出重音，稍作停顿；变换句式，调整词序；改变词序；换用他词；补齐省略语；提供恰当的上下文语境；用谓词逻辑表达等。

总之，歧义现象是语言在交际过程中的一种自然现象。一方面，一语多义给人们思想的沟通带来一些困难和不便，从这个角度讲，应尽量避免歧义现象在话语中出现。另一方面，歧义现象并不总是消极的，人们可以利用这一现象达到某种语言效果，丰富人类的语言。

第二节　英语阅读与纵横谈

一、英语阅读中语言处理的方法

语言知识的学习应立足于语言实践活动。课堂上的绝大部分教学活动要以语言实践为基础，要杜绝单纯传授、讲解语言知识的做法。语言知识的归纳或总结的范围、深度、方法和时机要由听、说、读、写等语言实践和教学的需要来确定。实际的教学中用灌输的方式直接呈现、讲解语言的课堂教学却屡见不鲜，这说明新课程倡导的自主、合作、探究的学习方式还没有真正成为教师的教学理念并转化为实际的教学行为，教学还未能摆脱传统地、静态地把语言知识结构划分为语音、语法和词汇三大块。

要改变活动单一、知识零碎及简单灌输的问题，发展学生综合语言运用能力，教育部考试中心指出我们需要依据现代语言教学理论，突破传统的语言知识划分，做到：①帮助学生建立新的语言知识结构，该知识结构强调交际功能、交际策略和语篇方面的知识项目，这需要按生活话题重新对文本的语言进行分类整理，按交际和语篇的需要重新估量语言知识学习的重点。②确保学生有充分的语言经验。充分的语言经验是建立在完整话语或文段的整体接受的基础之上的。③使学生具备良好的语言意识。良好的语言意识是建立在充分的语言经验基础之上，是学生对话语或文段背景和环境的体验和领悟。这就要求教师积极探索新的语言教学切入点，改变以例句讲解和练习为主的语言处理方式，让学生在完整的文本语段中感知探究语言，基于运用的需要整理语言，在完备的新情景中运用语言。简单机械地灌输不能保证学生获得充分的语言经验、形成良好的语言意识，只有改变学习方式，让学生充分利用文本进行自主感知、合作探究、整理成块，在此基础上超越文本大胆运用，才能丰富学生的语言经验，形成良好的语言意识，把语言知识转化为语言能力。

(一) 语言感知探究

语言感知就是对语言的感知觉。这是人们使用语言的一个前奏，因为要使用语言来进行交际，首先必须接触和感受语言的外部形式，包括它的声音和文字。但是我们又不是只注意这些外部形式，像绕口令和回文图那样。我们的注意力在于这些外部形式所传递的内容。语言感知包括口头语和书面语，前者是言语感知，后者是书面语感知。应该先有这么一个认识：心理语言学所观察的首先是口头语言，也就是言语，因为这是第一性的。因此，言语感知有时又称为言语听辨或言语辨认。

在英语阅读教学语言处理过程中，许多教师做了同样的事情，他们不是让学生自主去感知探究文本中的语言现象，体会语言的特色，而是把语言孤零零地从文本中抽取出来，然后直接告诉学生这些语言的各种意思和用法。这其实是把教学过程庸俗化到无需智慧努力，不要动脑，只要记忆、练习就能掌握教师所讲的知识。尽管有些教师也要求学生通过观察例句来理解语言现象，归纳用法，但是这种缺乏真实、恰当语境的语言呈现，剥夺了学生在这一环节主动探究的思维过程，学习的主动性没有得到足够的重视和激发。

学习是一个能动的过程，学习的发生必须以认知主体的积极参与、主动理解和建构为前提，企图从外部注入知识是难以奏效的。因此，在阅读的过程中教师通过多样化的教学活动，在转述、利用语境猜词、问题回答、交流互动中为学生提供认识、体验、实践语言的机会，在感知与探究中领悟语言规则，建构并完善语言知识结构。

（二）基于需求整理语言

如果教师凭主观经验盲目地、一厢情愿地把一堆语言知识灌输给学生，难免会遇到老木匠同样的问题。虽然有些知识点教师讲了很多遍，学生仍没掌握，学习的兴趣也日渐减退。“人本主义”和“有效教学”都要求教师关注学生需求，只有了解学生需要什么，想要什么，才能激发学生的学习热情，提高教学效率。处理语言时，除考虑学生本人需求外，教师还要从语言学习目的出发，考虑学生在学完外语课程后能够用这门语言去做什么。

从以上两种需求出发有助于教师把握好阅读文本所需处理语言的重心，对文本中的语言加以整理，为语言的运用做好准备。Lewis(1993)提出较大的词汇构块——预制词块概念，并认为预制词块可以减轻学生的记忆负担，使学生有可能成块地吸收语言，比脱离语境记单词更容易记住，而且词块的意义是置于特定的语境中的，因此可保证在新情境运用的过程中内化掌握语言，提高学习效率。因此在整理语言时可以从语块的角度加以整理。基于需求的语言教学一个重要的方面是知道学生真实的需求以消除教学中的盲目性，另外，在于学生所学的语言内容是否是外语学习中有必要或者说是最好应该掌握的语言内容。

（三）创设情境运用

教师应避免死记硬背、机械操练的教学倾向，应科学地设计教学过程。努力创设能启动学生思维的教学情境，以利于学生加速知识的内化，使他们能在综合的语言交际实践中灵活运用知识，变语言知识为实际的语言能力。

创设出更贴近学生生活实际的语境，让学生有更充分运用语言的机会，最后放手让学生就自己关心的话题自由表达。这样就把书本知识迁移到现实生活，将课堂情景转化为生活情景，学生就有机会用所学的语言进行真实的交际。基于学生所读文本又略超越文本，可以较好地把课文的内容拓展延伸到实际的社会、生活中去。这样的情景有助于提高学生实际运用英语的兴趣，提高学习效果。

二、英语阅读中语言处理的视角

新的语言知识结构要求我们按生活话题重新对文本的语言进行分类整理，按交际和语篇的需要重新估量语知识学习的重点，这为我们处理文本语言提供了新的思路。

（一）提高语言表达的丰富性

语言学习理论假定语言学习者在头脑中有一个语言习得装置，语言学习的过程就是这个装置对语言学习材料进行输入—加工—输出的过程。语言输入材料进入这个装置总是要“丢失”一些，但良好的语言组织形式可以有效减少“丢失”。以话题为中心组织语言具有特定的语境要素，能满足特定的交际需要，容易与学生的生活经验和情感体验有机结合，因而便于学生做到“整进整出”，留下深刻印象。人民教育出版社的英语教材都是以话题为中心编写，教师可以利用教材单元话题，让学生在感知、探究、整理话题语言中丰富相关话题的语言。人民教育出版社英语教材话题丰富，涵盖了新课标所罗列的所有话题，每个单元都是围绕一个话题展开，这就有利于教师根据单元中心话题开展语言教学，让学生通过适当的活动充分感知、整理出表达相关话题所需的核心语言，并适当拓展与单元话题紧密相关的语言，创设与单元话题相关，又贴近学生生活实际的语言运用情境，让学生在运用中内化话题语言，为今后表达类似话题储备丰富的语言知识。

（二）确保语言运用的得体性

功能视角指以研究话语类型的功能为主要任务的方法。其代表人物包括斯威尔斯、马丁和“北美修辞学派”。

斯威尔斯的话语类型五特征强调的就是话语类型的功能性。这五特征阐释如下：①话语类型是一组交际事件。所谓交际事件，语言(和/或副语言)在其中必定起着重要的或不可或缺的作用。同时，交际事件也必定包括交际背景、交际参与者、交际目的、文化特征、思维方式等方面。②某种共享的交际目的是决定一组交际事件成为话语类型的基本特征。这里，目的起了很重要的作用。没有目的，就没有话语类型的存在。③话语类型的识别主要依据“交际目的”这一主要特征，另外，一些辅助特征如形式、结构和读者或观众的予预期也必须考虑在内。④话语类型的理据制约着内容、位置和形式的使用。⑤话语类型离不开语篇。马丁的话语类型定义及分类也是建立在目的基础上的。斯威尔斯和马丁在界定话语类型、提出识别话语类型标准时都强调话语类型的目的，实际上也是强调话语类型功能的重要性。

然而，语言学习不能只关心语言知识而忽略语言的真正功用——交际功能。任何一个语篇总是为了完成某种交际目的，起到某种功能，语篇中的所有成分都应该直接或间接有助于完成那种功能。语言是社会的交际工具，语言用于人类生活有几种功能：①信息功能，用来传递信息，交流思想；②表情功能，用来表达情绪、抒发情感；③劝说功能，用来鼓动受话者赞同或反对某事；④社交功能，在一定的社会场合起到交际应酬的作用。不同功能的发挥都要求有相应的语言形式与之配合。从语篇的功能出发，教师可以引导学生去感知其相应的、特有的语言形式，并加以整理，这样就可以让学生不仅注重语言形式，更关注其功能，提高学生对语言功能的感知，领悟语言在具体语境中的得体性。

英语中常见的语篇语体有说明、劝说、论辩和描写以及叙述等。说明语篇的目的是解释，提供信息；劝说和论辩语篇的目的是使人能信服，往往使用情感诉说来引起态度、观点或情感的转变；描写语篇的目的是使受话者尽可能生动地感受到自己通过感官所感觉到的东西，使受话者对所描写的东西产生一种身临其境的感觉，被描写的东西可以是人们用感官感觉到的一切；叙述语篇的目的是向受话者展现一个事件——发生了什么又是如何发生的，给人以动作的时间感，即给人以亲眼目睹一个动作的感受。不同的语篇形式有不同的功能，也有其特定的语言形式。利用这些特征我们可以有效指导学生感知、整理并运用这些语言形式，确保学生运用语言时做到语域恰当。

（三）关注语言运用的有效性

为了有效达成交际的目的就要考虑如何有效地使用英语，这就是英语修辞学要解决的问题。英国修辞学大师乔治·坎贝邻用泥水匠和建筑师极其形象地区分了语法能力和修辞能力：语法与修辞两者的区别就像泥水匠和建筑师的区别。语法能力保证语言的准确性，词汇能力保证表达语义的丰富性，但修辞能力更多关注语言的美感，也就是语言的生动形象等。从修辞角度处理文本语言有助于提高学生对语言修辞运用的感知，领悟文本中的语言艺术性，树立有效交际的意识。

修辞视角语言处理就是在阅读教学中引导学生关注。

作者用词的恰当性、精确性和简洁性，关注句子的清晰性、连贯性和多样性，帮助学生认识到语言的有效使用可以有效达成交际目的。葛文山认为这是小词巧用，最能体现出一个学生的写作功力，这是因为两方面的原因：①中国学生在用英语表达时缺乏使用形容词和副词的意识；②这种能力的养成基于在平时阅读中的大量积累，不是一两天就能一蹴而就的。而事实上这是个修辞问题，这种意识的缺乏源于教师很少从修辞视角去处理这些形容词或副司，只有当教师在平常的教学中有意识地引导学生去感知体验，才能让学生学会去积累。

第三节　英语诗歌赏析要略

诗歌这种文学体裁，通常指人们运用韵律语言富有想象地表达对世界的感受。诗歌创作起源于远古，当时采用的是原始诗行的形式，且用于早期的部落仪式。由于那时还没有出现书面文学，所有在部落仪式上朗诵的都是口头诗，诗行的划分是由朗诵时出现的停顿来提示的。此外，最早的诗歌还可以采取咏唱的方式，伴之以舞蹈。假如某一部落遇到自然灾害战争等特殊事件，便很自然地会用咏唱和舞蹈相结合的方式来保存这些史实。后来，在此基础上产生了民谣。民谣在初创时期仍保留了和舞蹈相伴及叙述史实的特点，而且其中绝大多数是在书面文学高度发展之前的时代创作的。

到了公元前 9 世纪至公元前 8 世纪，古希腊诗人荷马从民间广为流传的民谣中汲取了大量的素材，以历史和神话传说为依据创作了史诗《伊利亚特》和《奥德赛》。荷马史诗的出现，一方面使民谣这一古老、通俗的诗歌形式以固定的叙述诗的文学样式流传下来，另一方面极大地丰富和推动了民谣本身的创作，以致在中世纪的后期(公元 14 世纪前后)，在欧洲形成了所谓“民谣传统”。与此同时，随着叙述诗的发展，其他诗歌类型也相继问世，如戏剧诗、抒情诗、田园诗等。

一、诗歌的格律和韵律

格律指诗歌中重读音节和非重读音节的排列组合模式。它的基本单位叫作音步。以英诗为例最常见的音步有：①抑扬格，由一个非重读音节和一个重读音节组成；②扬抑格，由一个重读音节和一个非重读音节组成；③扬抑抑格，由一个重读音节和两个非重读音节组成；④抑抑扬格，由两个非重读音节和一个重读音节组成；⑤扬扬格，由两个重读音节组成；⑥抑抑格，由两个非重读音节组成(有些韵律学家否认这种音步，认为在音步中必须始终存在重读音节)。

诗行一般包含一个或一个以上的音步，常见的有单音步、双音步、三音步、四音步、五音步、六音步、七音步和八音步。格律涉及音步的种类和一行诗文中音步的数目这两种度量方法，因此它们常常可以合起来称呼。同时，诗歌可以押韵，也可以不押韵。押韵在诗歌中不仅仅是技巧性的，它还作用于人的感官而给人带来种美的享受。押韵能触动朗通者(读者)或听者的情感，同时，使诗节显出和谐、统一和变化的特点。有时押韵还具有暗示意义。名副其实的押韵不但要求重读音节中的元音及元音后的辅音发音相同，而且要求元音前的辅音发音相异。严格的韵律还要保持音节数量上的对等。

二、诗体与诗类

(一) 诗体

诗体是指诗歌的韵式或形式。韵式从单独的两行诗到精心编排的长诗变化不一，如偶句体是两行韵式诗体，其最常见的格律是四步抑扬格和五步抑扬格。五步抑扬格偶句诗体又称英雄偶句诗体，它通常每行含有十个音节，这是乔叟最爱使用的。然而，直到 16 世纪和 17 世纪，这种诗体才得以固定下来。之后，它又成为诗剧最主要的诗体形式。但是，究竟是哪部诗剧最先运用这种诗体历来存有争议。一种说法认为是奥雷的《亨利五世》，该剧本的诗句从头到尾采用英雄偶句诗体；另一种说法认为是艾思里吉的《滑稽的复仇》，剧中的诗句大部分采用英雄偶句诗体。这两个剧本都是在 1664 年写成的。在不同时期，许多诗人，如斯宾塞、莎士比亚、本琼生、德莱顿、蒲柏等都在自己的诗作里采用英雄偶句诗体。不少批评家认为，德莱顿是“英雄体”的“蹄铁匠和工匠”，而蒲柏则是“银匠”，因为蒲柏使得这种诗体变得精致、典雅且充满微妙的诙诸与机智。在新古典主义时期，英雄体对偶句通常由两句各自意义完整的押韵对句组成，构成一个短诗节。由于采用诗行内停顿和句法上十分工整的对称结构，这种诗体带有警句的某些特点。

(二) 诗类

诗歌还可以按内容、主题和表现手法来归类，其中叙事诗、抒情诗和戏剧诗被公认为诗歌的三大基本类型。

1. 叙事诗

叙事诗从广义上讲，是指用诗歌的形式讲述故事的作品，如民谣和传奇韵诗等；从狭义上讲，是指史诗这样比较固定的叙事诗形式。

史诗(epic)是用严谨、高雅、庄重的语言写成的叙事长诗，通常歌颂传奇中或历史上英雄人物的丰功伟绩。它是在传说和民谣的基础上发展起来的，主人公甚至也可以是一个半神式的人物，他的行为将决定一个部落、一个民族、一个国家的命运。古希腊荷马的《伊利亚特》和《奥德赛》、盎格鲁-撒克逊史诗《贝奥武甫》被归入这一类诗歌。后来的诗人有意识地、创造性地模仿这一传统的写诗手法，如维吉尔创作了《伊尼特》，弥顿创作了《失乐园》，济慈写了未完成的史诗《赫比里昂》。在文艺复兴初期，史诗由于但丁《神曲》的问世而广为流传，它在16 世纪和 17 世纪的英国产生了巨大的影响。新古典主义时期，出现了像蒲柏的《鬈发遇劫记》这样的滑稽史诗。浪漫主义时期，讽刺史诗成为当时颇受欢迎的诗歌形式。到了 20 世纪，许多长诗都或多或少地继承了史诗的一些特点，其中庞德的《诗章》堪称典型的一例。尽管由于审美趣味和其他原因，史诗中有时也掺杂着一些戏剧性和抒情性的段落或滑稽幽默的场面，但从整体上看，史诗的主要特点与目的和其他叙事诗一样，是讲叙故事，不论所述的故事是长是短，情节是简单还是复杂。

叙事诗的另一主要形式是民谣。民谣原是一种吟咏或朗诵的诗歌形式。它的特点是，在简单的叙述形式中显出富有戏剧的动人情节。早期的民谣大多由民间集体创作，由吟游诗人及民歌手在民众中演唱。它常常以超自然的力量作为统摄故事情节的核心或歌颂传奇人物的英雄事迹和他们的爱情。后来，又出现了书面文字形式的民谣，比较著名的有沃特的《罗宾汉英雄事迹小唱》同各特的《苏格兰边区歌谣集》等。民谣通常以四行诗为一节，韵律为 abcb 或 abab，其中第一行和第三行有四个重读音节，第二行和第四行有三个重读音节。诗行中非重读音节的数量没有严格的规定，有时还会出现谐音、半谐音及叠句。

2．抒情诗

抒情诗是指一种相对短小的以抒发诗人情感为主的诗歌形式。它通常借助丰富的想象、优美动听的韵律以或潇洒奔放、或婉转曲折的情绪来感染和打动读者听者。最早的抒情诗或许是古埃及的国王颂歌以及众神赞美诗和葬礼歌。古希腊人的抒情诗则跟各种巫术或原始宗教的仪式有着渊源。他们通常一边吟诵诗歌，一边跳舞。他们还将抒情诗与合唱诗区别开来：抒情诗指用竖琴伴奏，抒发咏唱者个人情感的诗；合唱诗指用合唱方式抒发集体情感的诗。到了中世纪，抒情诗在欧洲成了一种较为固定的典雅的艺术。

3．戏剧诗

戏剧诗的含义很宽泛，它既可以指运用某些戏剧技巧，如对话、独白等创作的诗歌(如托马斯·哈代的《在布店里》)，又可以指只能供阅读而不适合演出的诗剧(如歌德的《浮士德》)，还可以泛指任何剧本中出现的诗文。戏剧诗常常用无韵诗来写。

第四节　戏剧中的基本元素

drama(戏剧)一词是由希腊语 dran 演变而来的，意为“去做……”，也就是是“去行动”。从戏剧发展的历史来看，大多数戏剧的剧本主要是为舞台演出而创作的，较少的剧本仅为阅读而写(这类剧本通常被人们称作“案头剧”)。戏剧除了有悲剧、喜剧、情节剧和滑稽剧(farce)外，还有一些无法归类的类型。和小说、诗歌不同的是，戏剧用表演来直接、生动地再现生活。但它也有一定的局限性，那就是剧作家一般只能显示剧中人物的言谈举止，而难以像小说家那样自由自在地用大量的篇幅去全方位地展现人物的内心世界，更不能随意地中断故事的情节对作品中的人物作各种各样的评论。

戏剧的基本元素包括情节、结构、人物、对白以及剧本的上演。无论是戏剧创作还是戏剧赏析，都必然涉及这五大要素。

一、情节

情节是构成戏剧结构的要件。剧作家通常将精心设计的情节(它可以是一个、若干个或一系列)纳入戏剧的总体框架(结构)之中，形成一种独立的或相关且延续的体系。戏剧的情节在广义上可分为展示部分、上升情节或矛盾纠葛、高潮、下降情节和纠结的解开。尽管在这里只有上升情节和下降情节使用了“情节”两字但其余部分实际上也可以看作是情节的一种特殊的形式，特别是高潮和纠结的解开，其本身也是通过具体的情节展现于读者或观众面前的。换句话说，不存在没有情节的高潮，也不存在没有情节的纠结的解开。

二、结构

戏剧的结构是指按一定的逻辑规则和程式将戏剧情节或事件有序而完整地组合成一个戏剧作品的实体。一般说来，戏剧结构中的情节或事件的安排顺序与小说没有多大的区别，小说家也好，剧作家也好，都试图通过结构来达到控制读者期待的目的。但因戏剧在演出中要受到时间和场地的限制，所以情节的安排相对小说而言要简单和紧凑得多。传统的戏剧结构，单从外在的形式看，一般由幕和场景组成。

三、人物

如果说结构是戏剧用来叙述故事的主体框架，那么处在这一框架中心的便是人物。人物使得戏剧变得生动，使它充满了生命力和感染力。在阅读或观看一部戏剧作品时，我们通常会自始至终地，甚至可以说是全心地投入人物的外在世界和内在世界之中。我们很关心他们的言谈举止和思想情感，急切地想知道他们究竟属于哪类人，将来的命运如何等，与此同时，我们还会不知不觉地同情他们或者厌恶、憎恨他们。当然，舞台剧中的人物是由演员来扮演的。演员为了把剧中人演活，总是力图最大限度地把握人物的性格和他们的思想情感，甚至在演戏时投入"人物即自己，自己即人物"的境界。而我们中的一部分人往往会因演员们的出色表演而忘记了自己是在看一部戏，把戏剧中的人物当作现实生活中的人物，还有一部分人会与展现在眼前的人物保持一定的间距，即始终在用评判者的眼光看待他们。戏剧人物之间的各种微妙的关系以及他们之间的交往、误会和冲突等，实际上构成了戏剧中最为本质的东西，因为正是这些内容在展示人物自身形象的同时推动了剧情向前发展。

传统的戏剧理论一般认为，表现主人公内在思想和动机的最好、最自然的方式之一是在剧中设置陪衬人物，陪衬人物的主要作用是通过其与主人公的对白来增强主人公形象的塑造。当然，陪衬人物也可以通过其他方式(如他们的所作所为)来反衬出其所衬托对象的特殊品质。

四、对白

美国现代派诗人庞德曾经把戏剧的人物描述为"在舞台上运用言语来交流的人"，这种人物间的交流其实跟现实生活里人们之间的交流有着很大的区别，因为它带有戏剧的审美性质。戏剧人物之间的对白是经过剧作家精心设计的话语，读者或观众能通过这些话语了解人物的思想情感，把握他们的个性特征，找到自己所认同的或排斥的价值观。

一般来说，大部分戏剧的对白采用口语，即日常用语。其特点是，语言并不一定符合语法规则，常常会出现一些俗语、俚语甚至不完整的、断断续续的话语，其意义需要根据具体的语境才能弄明白。但也有一些戏剧(或戏剧中的某个片段)倾向于使用艺术化的语言来设计对白。尽管艺术化的语言不是人们平时说话时所采用的， 但却很适合表达剧中人内心丰富的情感和他们带有诗性或哲理性的想象。伊丽莎白时期的戏剧尤其强调语言的艺术效果，韵文作为一种高度诗化的戏剧语言形式，几乎成为所有戏剧追求的完美境界。

当然，在戏剧中偶尔也会出现独白和旁白。独白，指一个人在舞台上单独道出的一段话语。有些人认为独白就是自语，但自语是戏剧场面的一个部分，是一个剧中人在单独地抒发自己的内心感受，而独白则是在对另外的人讲话，既可以是对读者或观众讲话，也可以是对想象中的第二个人物的讲话。有些独白仅仅是为了让人阅读的，而有些则是为舞台表演而写。前一类型通常被称为“活动着的灵魂”的抒情片断，堪称典范的有罗伯特·勃朗宁的《我最后的公爵夫人》和艾略特的《艾尔弗雷德普鲁弗洛克的情歌》，后一类型的代表作有罗伯特·本奇利的《财政大臣的报告》。不过，剧中人在舞台上用独白的方式表述自己的内心感受和想法往往会暴露出很明显的人为的痕迹，因为人物往往必须完全中止自己的其他活动，专心致志地作一些琐细的，有时甚至是冗长的叙述。但尽管如此，独白作为戏剧的一种传统的表现手法，一直被广泛地采用着。旁白是另一种表现剧中人物内心活动的方法。旁白一般指剧中角色在假定同台其他角色听不见的情况下念着自己的台词。旁白既可以用来直接跟观众交流，也可以是即兴的、漫不经心的自言自语。旁白的运用在非现实主义戏剧中相当普遍。在表现手法比较接近现实主义的戏剧中，旁白(如果有的话)一般都很简短，并往往带有讥讽的口吻。旁白通常是角色内心的表露，即向观众坦白自己的思想情感以及自己所作所为的真实意图。文艺复兴时期的戏剧和 19 世纪末的情节剧常采用这一手法。奥尼尔的《奇异的插曲》是一部成功运用旁白技巧的现代戏剧作品。可是，旁白有时会比独白更明显地带有人为的痕迹，因为它要求戏剧人物暂时地走出舞台情节去直面自己的观众，而台上的其他人物则装作什么也没有听见。

五、剧本的上演

剧本的上演，按一些戏剧理论家的定义，是指除了对白等语言要素外的一切与演出相关的东西，如舞台场面调度设计、演员的动作与表情、舞台景物、服装与道具、灯光与音响效果等。

第七章　英语语言文化与外语教学研究

第一节　大学英语教学中的文化导入

语言是文化不可分割的一部分，是文化的载体，其丰富的文化内涵和文化负荷传递着无尽的文化信息。人类社会中，文化几乎无处不在。“文化”一词的含义很广泛，一般认为它是一个民族在自己的社会历史发展中形成的独特的风格与传统。世界上每一种语言都充满了文化色彩，语言中的文化现象除指社会意识形态外，还泛指社会历史、自然地理等各方面人类所独有的特征。

在当今高科技迅速发展的信息时代，国家、民族、团体、个人之间合作和交流日趋频繁。文化差异是导致跨文化交际产生障碍的重要因素。一个国家的哲学、信仰、伦理、心理乃至政治等诸多因素确定了在该国的文化中，社会交际必须遵循其特定的规范，其中包括与之有关的语言规范。对于一个人，本国这些约定俗成的规范已经成为日常生活中极其自然的事情。然而，对于不熟悉这一文化背景的外国人而言，就会形成文化障碍，影响交际顺利地进行。语言教学不仅包括语言知识的教学，而且包括文化知识的教学。在大学英语教学中文化导入是很有必要的，文化导入的方法和途径应贯穿大学英语教学之中。

一、大学英语教学中文化导入的必要性

语言不仅是人类交流的工具，同时也是文化的载体。一个国家的语言必然会反映这个国家、这个民族的文化特征、思维方式。它们之间的关系是密不可分的，不了解目的语的文化，就不可能真正理解和运用外语。在全球化的今天，各国之间的交往日益频繁，各种文化之间的碰撞也日益增多。单纯掌握一门外语而不了

解其背后深厚的文化底蕴并不能有效地帮助人们跨越文化鸿沟，实现成功的交流。因此，在大学英语教学中渗透文化教育是非常必要的。

(一) 大学英语课程教学的基本要求

大学英语的教学目标是培养学生的英语综合应用能力，增强其自主学习的能力，提高综合文化素养，以适应我国经济发展和国际交流的需要。然而，不论是作为语言学的基础理论，还是作为指导语言学习的各种教学法，无一例外的都是指向同一目标即语言自身的规则。

从索绪尔结构主义语言学的二项分析，到乔姆斯基的转换生成法，从传统的语法翻译法、静默法到直接教学法等，都未给我们外语教学实践指出语言是一种交际工具。也正是在这样的理论指导下，在传统的大学英语教学中，我们总是对学生进行一种“纯语言能力”的培养，要求他们在“听、说、读、写、译”等方面造出合乎语法规则的句子、篇章，凭借一种含有投机成分的应试技巧顺利地取得各种等级证书。“强调了对语言表层结构即应试要求语言点的分析，而放弃了对语言深层结构即社会文化背景的分析。”因此，为了培养学生的交际能力，大学英语教学必须在进行语言知识教学的同时，进行文化导入，从而避免因文化差异而引起的语用失误。

(二) 由语言和文化的关系所决定的

文化语言学研究表明，语言中储存了一个民族所有的社会生活经验，反映了该民族的全部特征。学生在习得一种民族语言的同时也是在习得该民族的文化。外语教学的任务是培养在具有不同文化背景人们之间进行交际的人才。同时，语言和文化紧密相连、不可分割。语言是一种符号，是文化的载体，又是文化的重要组成部分。文化是语言赖以生存的环境，文化在一定程度上也限定并塑造了特定的言语表达方式。总之，语言就好比树木，文化就好比森林，不了解语言生存的环境就好比只见树木不见森林。正如萨丕尔所言，“语言基本上是一种文化和社会的产品，因此它必须从文化和社会的角度去理解”。然而，传统的外语教学更注重语言知识的管束和积累，而忽视语言所处的文化，从而出现了英语语言能力强的人其跨文化语用能力不一定强的现象。美国外语教学专家温斯顿·布瑞姆在谈到只教语言不讲文化的恶果时说："采取只知其语言不懂其文化的教法是培养流利大傻瓜的最好办法。"因此，在大学英语教学中适当渗透一些文化知识，开展一些文化对比的讨论，有助于学生更深刻地理解语言，增强其对文化差异的敏感性，进而提高其跨文化交际能力。由于语言和文化相互依存和影响，因此，在进行英语教学的同时有必要导入与英语语言有关的文化内容。

（三）国内外客观形势及大学生文化习得现状决定

国内外客观形势及大学生文化习得现状也决定了在大学英语教学进行文化导入的迫切性。随着全球经济一体化进程的加快，跨国界、跨文化的交流日益增多，造成了对既懂专业又通晓外语并能进行跨文化交际的优秀人才的巨大需求。为了适应社会发展的需要，为了保证国际交流的准确和有效，大学英语教学也必须在传授语言知识的同时，传授文化知识，帮助学生了解英语国家的人文地理、历史传说、风俗习惯、价值取向和社会观念等。通过熟悉有关的文化背景知识，不仅可以激发学生学习英语的兴趣，满足他们语言学习的要求，而且随着文化知识的积累，学生对语言本身的理解也会更加透彻，反过来又会促进他们英语水平的相应提高，真正达到培养学生能够运用英语准确、顺利地进行交流的教学目标。而非英语专业培养出来的学生在未来的工作岗位上将会有更多的机会参与跨国界、跨文化的交流。但由于应试教育的影响、文化输入的缺失及母语文化的干扰，目前大学生的跨文化习得状况不容乐观。这种供需之间的矛盾也说明在大学英语教学中进行文化导入是必要而且迫切的。

二、大学英语教学中文化导入的内容

文化导入教学模式是一种通过引导的方式让学生主动建构语言与文化知识、促进英语综合应用能力提高的相对稳定的操作性框架。该模式主张教师在一定的教学环境中，根据教学大纲、教材和学生实际，运用正确的方法对学生进行积极引导，激发他们的思考与想象，促进学生主动进行内部心理表征的建构，从而培养学生对文化差异的敏感性、宽容性以及处理文化差异的灵活性，提高学生综合运用英语的能力。那么在大学英语教学中应该从哪些方面构建学生的文化知识呢？

关于大学英语教学中文化导入的内容，学者们有着不同观点。吕必松、赵贤洲、张占一等主张将大学英语教学中的文化教学内容分为交际文化和知识文化。所谓交际文化，指的是两个文化背景不同的人进行交际时直接影响准确传递信息的语言和非语言的文化因素，包括问候、致谢、称呼、习语、委婉语和禁忌语。而知识文化，指的是两个文化背景不同的人进行交际时，不能直接准确传递信息的语言和非语言的文化因素，一般是指政治、经济、历史、地理、科技、文教等相关背景知识。魏春木、卞觉非则把外语基础阶段文化导入的内容分为文化行为项目和文化心理项目。他们认为，文化行为作为动作系统，是外显的、受文化心理支配的，处于文化的表层，可逐层细分出不同的文化项目，如购物、住宿、称呼等；文化心理是文化行为背后的价值观念系统，是内隐的、支配文化行为的，处在文化的底层。文化心理对人们的语言或行为起着规定性作用，它决定了人们的处世哲学、评价事物的标准和行为规范等。比如，在西方很多国家忌讳询问对方年龄、婚姻状况、收入、宗教信仰等是出于对隐私的尊重，但这只是一种外在的文化现象，其本质是反映了西方个人主义价值取向的基本社会文化心理。这些观点在一定程度上具有积极作用，对外语教育有很大的现实意义和指导意义。因为文化本身的复杂性和层次性，不同文化的划分在某种程度上相互交叉，很难将文化细分，但必须注意文化导入的多样性和根据学习者的需求进行合理导入。这就要求不同的外语教育工作者根据不同的教学对象，以及教学中需达到的不同目的，具体问题具体分析。

目的语国家的文化是一个宽泛的内容，涉及植根于民族语言中社会习俗、传统习惯、思维模式、世界观价值观、宗教信仰及反映目的语民族的生活背景。任何民族的个体都生活在一个特定的社会环境之中，他所使用的语言必然会反映出其所处社会的文化特征，带有该民族特有的文化印迹。

我国英语教学的目的是培养学习者的跨文化交际能力。“跨文化交际是指不同文化背景下人们(信息的发出者和信息的接受者)之间的交际。”根据跨文化交际学的理论(贾玉新)，跨文化交际与同一主流文化内的交际在本质上是一致的，二者所涉及的变量或组成要素基本一致。交际是信息的传送和接受，“共同”或“共享”是交际的前提。除了共享同一语言系统之外，有效的沟通还依赖于交际双方对其他相关因素的理解和掌握。交际行为是文化行为，也是社会行为，它必然发生在社会和文化之中，并受众多社会文化因素的影响和制约。对这些相关社会文化因素的了解和掌握是实现有效交际的前提。而影响交际的众多社会文化因素主要包括：①宽泛的交际环境，包括文化环境、心理环境和自然地理环境因素等；②具体的交际环境——情景因素，这受制于宽泛文化环境，并直接影响交际的环境，包括交际双方的社会地位、角色关系、交际发生的场合、所涉及的话题等；③规范系统，“规范是交际环境和语码(语言和非语言)之间的中介系统，不仅是交际行为的制约系统，也是交际行为的解释和评价系统。”同一主流文化内的人们之间之所以能够顺利地进行有效交际，是因为大家在很多方面具有共享的交际环境知识(即情景方面的知识)以及社会规范文化等。因此，跨文化交际双方要想实现有效交际，双方在以上这些方面的“共享”也是必不可少的。

教学目的与教学内容都是教学活动的主要构成要素，其中教学目的决定着教学内容的选择，教学内容是教学目的得以实现的媒介，因此英语教学的目的是英语教学中文化导入内容确定的主要依据。英语教学的目的是培养学习者的跨文化交际能力，那么，制约和影响学习者跨文化能力获得的主要文化因素应该成为英语教学中文化导入的主要内容。

基于心理环境属于心理学的范畴，不在本书讨论范围之内，因此英语教学中的宽泛文化环境知识主要包括价值观和地理文化知识。具体交际环境知识主要指与情景因素有关的文化知识，即交际所必须遵循的情景适应性规则。而社会规范体现在交际层面主要包括言语和非言语规则。因此，英语教学中文化导入的内容主要应包括以下几方面的内容。

(一) 情景文化

情景因素直接影响交际的环境，它受制于宽泛文化环境，包括交际双方的社会地位、角色关系、交际发生的场合、时间、所涉及的话题等。有效的交际不仅依靠对宽泛文化环境的认识，也离不开对它赖以生存的情景认识，因为语码(语言和非语言符号)的使用受制于情景，情景中的社会因素决定谁在什么时候说什么，怎么说，对谁说，为何目的等。不同文化在具体的情景规约，即情景适应性规则方面存在着差异。了解这些差异是实现有效交际的前提。

符合某一文化中情景规约的行为在不同文化的相同情景中，很可能是违约的行为，可能会导致严重的后果。也就是说，相同的情景在不同文化中其情景适应性规则是不完全相同的。例如：在我国文化中，师生之间在某特定情景中，如在学校里交往时，所应遵循的情景适应性规则与英语文化中师生之间在相同情景中所应遵循的情景适应性规则不尽相同。这是两种文化在深层文化上的差异在交际层面上的体现。

(二) 基础背景文化

基础背景文化指某种语言产生和使用的社会历史文化背景。大学英语教学中对基础背景文化的导入应包括有助于学生理解所学内容的文化背景知识：目的语的政治、经济、天文、地理、历史、文学等方面的背景材料。缺乏这些知识会导致理解困难，而了解相关的文化背景更能帮助学生进一步理解教材，更恰当地接受并运用材料中的语言知识，我们应在课堂教学中及时讲授有关文化背景知识。在教学过程中，教师应设法帮助学生了解目的语国家的文化背景并避免用本族的文化标准来衡量其他民族文化，努力培养学生的跨文化意识，避免由于文化差异而导致理解上的错误。

(三) 价值观念文化

语言反映一个民族的价值观念、政治信念、宗教信仰、社会准则、风俗习惯、道德标准和思维特征。东西方之间观念存在很大差别。西塔拉姆曾研究过不同文化的价值体系，并按其重要程度作了分类，所比较的群体是西方文化、黑人文化、东方文化、非洲文化。调查显示西方文化在个性、金钱、救世主、标新立异、进取精神、尊重青年、效率、坦率、守时这几项名列第一，而这九项东方文化较弱。东方文化在感激、谦逊、因果报应、集体责任、尊重长者、好客、土地神圣感、和平这八项名列第一，这八项也正是西方文化的弱项。观念文化的不同必然构成理解障碍。

(四) 词语文化内涵

词汇在语言中占有重要的地位，威尔金斯曾说：“没有语法不能很好表达意思，而没有词汇则什么也不能表达。”目前学生中普遍存在一个误区，即认为背单词是提高英语水平的唯一途径。有些学生学习英语相当努力，也确实背了不少单词，但是考试起来成绩总不令人满意。原因是他们只是记住了词语的字面意义，而在具体的语言环境中词语的意义常常是依据上下文而出现很大差别。因此掌握词语的文化内涵就更为重要。词语文化内涵比较丰富的有习语、典故、委婉语、借代。

(五) 社会规范文化

规范是“社会或群体对所期望的和接受的行为所共享的标准或规则。”它与交际紧密相关，它是一套系统的规约，告诉人们应该做什么，怎样做，不该做什么。它是环境和符号(语言符号和非语言符号)之间的中介系统。

Summer(1940)将规范分为三个范畴：①民俗；②道德规范；③法律。法律属于政治的范畴，不是我们文化导入的重点。文化导入中的规范主要包括前两个范畴。事实上，道德规范也属于民俗的范畴，只不过它包含了道德和伦理的意义。民俗的范畴中与外语学习密切相关的内容主要有言语规则和非言语规则。道德规范反映在言语规则和非言语规则中主要指一些禁忌语和忌讳的体态语等。

社会中人们的言语行为必须遵守其社会或群体所共享的言语规则。言语规则是约定俗成的规则，它制约着一个社会或群体中人们的说话方式与内容，反映了不同社会在文化背景和价值取向等方面的差异。英汉两种语言在日常言语行为方面存在着很大差异，如在实施“问候”这一言语行为方面，汉语中人们一般可以根据对方的具体情况即情问话。人际间交流是通过两种形式进行的，一是言语行为，二是非言语行为，后者也是极其重要的交际形式。非语言交际在交际活动中也是非常重要的。很多非语言行为都是约定俗成的，为不同文化所独有。因为文化差异的存在，相同的非语言行为可能表示不同的意义，而不同的非语言行为则可能具有相同的含义。

（六）自然地理文化

不同的地理环境会塑造出不同的民族性格。一个国家自然地理环境的知识不仅有助于我们了解和理解一个民族的国民性格、价值观念，还有助于我们理解一些语言单位所蕴含的文化意义。如："west wind"和"西风"在中国文化和英语文化中有不同的含义"。由于中国和英国地理位置的不同，当西风吹起来的时候，英国正是万物复苏的春天；而在中国则正是深秋或隆冬，天气变冷树木凋零。因此"west wind"在英语中是希望和力量的象征；而"西风"在汉语中则是凄凉和萧条的代名词。因此，了解一个国家或民族的地理环境是理解这个国家或民族文化的基础。

（七）社会习俗和价值观

语言反映文化，文化的不同必然导致语言的不同。在跨文化交流中，一种文化中人们习惯交流的话题可能是另一种文化中人们设法回避的话题。正确掌握文化禁忌是实现跨文化交际的前提。中国人见面时常问："你吃了吗？""你去哪？"，交谈中习惯于问对方的年龄、收入、家庭状况等，而这些在西方国家都是交谈的禁忌。此外，在中国，"individualism"表示"个人主义"是贬义，在中国更强调集体表现和合作精神，而在西方，则强调个人表现和竞争，他们认为不愿意显露自己才华的人是不可思议的，这就是文化差异，即价值观不同的问题。这些社会习俗和价值观的差异会给英语语言的顺利交流与应用造成一定障碍。鉴于此，教师的教学目标和任务是帮助学生跨越或者是填平这些文化差异的鸿沟。大学英语教学中的价值观引导，也就成了教师要注重培养学生的逻辑思维能力和批判分析能力，即是非善恶的判断与分析能力，将其有机地贯穿于培养学生语言知识的积累与创新，开发与提高他们的语言运用能力、文化知识的积累和跨文化交流能力的过程中。一种文化，最根本的性质是指一系列的价值观念，必须以科学价值观为指导来培养学生的语言、文化知识与应用能力，才能真正有助于大学英语教学推动学生科学和人文素质的协调发展。

三、大学英语教学中文化导入的原则

不同文化在价值取向、生活方式、思维方式、社会规范等方面都存在差异。不同的社会，人们举手投足、一言一行都恪守各自的风俗习惯，并反映其价值观念。交际过程中，在遵守其行为准则和社会规范的同时，人们都在不得不中带着与其自身文化相应的社会期望、交往规则或社会语言规则，不仅因文化而异，而且具有无意识性质。这意味着，尽管一个人对自己的母语的使用规则能达到炉火纯青的地步，但他们对规则的存在却毫无意识，因为他们是毫无意识地习得这些规则，而且能无意识地用这些规则去判断别人的言语或交际是否正确得体。由于语用迁移，人们在使用第二语言或外语交际时，尽管语言能力很强，但常常会遇到一些障碍，致使双方难以沟通而产生误解，甚至导致意想不到的后果。

这种失误表现在语言使用的各个方面，包括言语功能言语行为的实施(尤其表现在问候、恭维、感谢、抱歉、拒绝等言语行为方面)、篇章组织结构、交际风格、交际方略、交际规则、礼貌规则等方面。教师应要求学生理解目标语文化以及相关的观念或交际期待。为提高学生的语用能力和交际能力，在教学中我们应注意加强文化内容的导入。由于文化涵盖极广，我们必须遵循有效的导入原则。

(一) 主体性原则

新课程标准强调“以学生为主体”的教学原则，这一原则体现在课堂教学中学习任务的设计，即学生在老师的指导下，通过语言实践来感知和体验，达到实现语言目标的学习，这样就保证了学生主体作用的发挥。因为，只有在语言活动中，学生才自始至终是自觉主动的语言实践者和学习者，而不是传统意义上的被动的知识接受者。学生通过自主的实践和思考活动，可以了解语言知识和能力的获得过程，经历语言学习价值的生成过程，体验成功或失败。由此可见，课堂导入中的学习任务提供了一条有效培养学生情感态度和人文精神的理想途径，学习任务给予了学生体验语言学习意义，培养完美人格的机会，是学生主体性原则的最好体现。

（二）简洁性原则

从系统论的观点看，教学过程是一个系统结构，由导入、呈现、理解、巩固和结尾构成，五者是一个连续的整体，缺一不可。如果只重视课堂导入，而忽视其他环节，再精彩的课堂导入也不能达到整个教学过程预想的结果。所以一堂课开始时就要尽量在尽可能短的时间内激发学生的兴趣，吸引学生的注意力。一旦学生学习的自觉性被调动起来，就要抓住这个教学过程的“黄金时刻”进入下一个环节，开展正课学习。导入只是一种准备教学活动，是安定学生的情趣，集中学生注意力，引发学生兴趣，明确学习的目的、任务和要求的过程。其主要功能是集中地让学生为新的学习做好充分的心理准备和知识准备。因此，课堂导入不宜费时过多，通常以 3～5 分钟为宜。应力求做到“简约不简单”。若导入时间过长，就会使课堂起始阶段显得冗长，内容复杂，容易引起学生的厌烦情绪，进而影响整节课的进程。

（三）适用性原则

结合教材内容和跨文化交际本身需要，传授与文化交际密切相关的适用性文化知识，凡涉及影响语言信息准确传递的文化知识，都应是导入的重点。如果所导入的文化知识与学生能力的提高密切相关，学生的学习兴趣将会大大提高。

（四）实用性原则

文化的内容丰富而又复杂，因此在导入过程中应选取对跨文化交际使用价值大的文化差异。对日常生活交际密切相关的文化差异及有广泛代表性的内容应精简。实用性原则要求所导入的文化内容与学生所学的语言内容密切相关，与日常交际所涉及的主要方面密切相关，同时也考虑到学生今后从事的职业性质等因素。一方面不至于使学生认为语言与文化的关系过于抽象、空洞和捉摸不定；另一方面文化教学紧密结合语言交际实践可以激发学生学习语言和文化两者的兴趣，产生良好的循环效应。

（五）差异性原则

学生的学习程度和水平层次存在着差异，这就要求教师在实施课堂导入时要加以充分的关注，让处于不同水平层次的学生都有“用武之地”。例如，对一般水平的学生，要求他们能听懂，按要求去做；对于英语水平较高的学生，则要求他们能用英语来表达思想和开展交流等。同时，对于性格不同的学生，教师在设计不同的课堂活动时，还要考虑到不同性格的学生的需要。对于性格外向、规范开朗、表现力强的学生可以考虑让他们去表演对话；而对于性格内向、不善言辞的学生，可让他们回答一些自己有把握的问题，以得到老师及同学的肯定，增强学习英语的自信心。这样的教学有助于发展师生之间、学生之间的情感，进而形成一个和谐的学习氛围，激发学生的学习动机。

新课程标准把注重学生的情感列为课程目标之一，强调认知与情感的协调发展，体现“以人为本”的教育思想。“导”与“教”一样无定法，切忌生搬硬套。对于不同的教材和教学内容，也应采用不同的课堂导入方式；即使同一教材、同一教学内容，课堂导入对不同的班级也要有不同的导入设计，使用不同的导入方法。这需要我们根据所教班级的具体特点，进行具体分析而定。如较沉稳班级和较活跃班级的导入设计应有所不同。对于同一个班级来讲，课堂导入的方法也要经常变换，这样才有利于保持学生的新鲜感。一堂好课必须有一个良好的导入作为前奏。课堂开始时的组织教学在于集中学生的注意力，引起学生的兴趣，那么新课的导入方法就更为重要了。针对不同类型的课题，教师可以用不同的导入语言和导入方法。根据课题的类型、学生的实际情况或者教学实际条件，教师可以选择不同的导入方式，如讲故事、提问、播放视频、表演、猜述语、集体讨论、演讲等不同的方式，甚至可以用游戏或竞赛等方法，尽可能让每堂课都有新鲜感，让学生始终对英语学习充满兴趣和热情。

（六）阶段性原则

阶段性原则就是要求文化内容的导入应遵循循序渐进的原则，根据学生的语言水平、接受和领悟能力，确定文化教学的内容，由浅入深，由简单到复杂，由现象到本质。具体地说，初、中级阶段应着重交际文化的导入，因为它直接影响交际过程中信息的传递，属于表层文化；高级阶段则应重点导入知识文化，虽然知识文化在交际过程中不直接影响信息的准确传递，但它属于深层文化，是交际文化的“根”，是更深层次的理解，掌握交际文化的钥匙。在实施阶段性原则的同时，还必须注意文化内容本身的内部层次性和一致性，不至于使教学内容过于零碎。

(七) 目的性原则

导入一定要有较强的目的性，让学生明确将要学什么、怎么学、为什么要学。教学的目的不同，侧重点则不同，各环节的时间分配和组织处理也应有所区别。教师在导入新课时常直接或间接地让学生预先明确学习目的，从而激发起内在动机，使其有意识地控制和调节自己的学习。不论使用哪种导入方式，都应当有明确的目的。为达此目的，用于导入的故事、图片、游戏、歌曲以及所采用的语言材料都要与课堂教学内容密切相关。否则，导入形式再新颖，也不会有好的效果。有些教师在设计课堂导入时偏离了教学重点，只是为了“导入”而导入，这使得课一开始就目标不明确因而无法吸引学生的注意力，有时甚至会误导学生。教师是游戏活动的指挥者和领导者，设计游戏时要考虑周全，事先评估实施时可能出现的问题，不能生搬硬套。教师还要权衡游戏的作用，只有在明确教学目的的前提下合理使用游戏，才能真正发挥其导入作用。

(八) 母语文化与目的语文化兼容并举原则

在跨文化交际中，人们更多关注的是母语文化对语言交际活动形成的负迁移影响，却往往忽略母语文化同样可以发挥正迁移作用。作为与目的语文化进行对比的工具，母语文化能更深刻地揭示目的语文化的一些主要特征，从而加深对本民族文化本质特征的了解。有学者在研究中发现，跨文化交际的文化制约并不是来自对目的语文化的不了解，而是来自对目的语文化和母语文化之间差异的不了解。因此，外语教育中的文化教学既要关注目的语文化的导入，也有必要更好地学习掌握本族语文化的精华，二者应兼容并举，对两种文化进行对比研究是消除语用失误和文化失误的重要途径。

(九) 文化教学坚持中西文化并重的原则

目前大学英语教学中存在的问题之一是一味强调目标语文化的传授，而对中国文化及其表达式的传授没有给予足够的重视。许多英语学习者由于长期模仿和浸透英美文化，清空母语文化积淀，对英语国家文化的认同超过对自己国家文化的认同，削弱了学生对母语文化的了解，在一定程度上变成了西方文化的“语言工具”。所以，在大学英语教学中，教师应结合中西文化的关联性，适时、适量增加中国文化元素，使学生了解中国文化的水平与了解西方文化知识的水平呈同步增长之势，加深对中西文化的差异性认识。同时，在教材编写方面，注重中西方文化并举，适当增加母语文化知识比例，让学生在接触英语文化的同时也有母语文化输入的机会，这对学生了解目的语文化、厚积母语文化具有直接的助推作用。

四、大学英语教学中文化导入的方法

教学中教师要做到既不放弃知识文化的积累又要加强交际文化的导入。交际文化的传授应该从日常生活的各个方面入手，教师主要向学生讲述英汉常用语在语言形式和风俗礼仪方面的差异。文化导入应侧重知识文化，以提高学生的文化意识和文化修养为主，了解西方人的价值观以及他们的思维方式等。教学中文化导入的方法有以下几点。

（一）直观导入法

心理学告诉我们，人们直接感受事物比通过载体、媒介来感受要来得轻松、生动、深刻。课堂上使用真实的物品，生动的画面或仿真的场景，会使学生有置身其中的感觉，使他们闻其声、见其形、临其境、感其情，沉浸于交际性课堂的氛围之中。

实物、图片、音乐、视频等为媒介实施的课堂导入， 这些直观的实物能够快速吸引学生的注意力，提高他们学习的兴趣和积极性。在现实的课堂教学中，如果能将这些实物搭配合理、运用得当，往往能够起到事半功倍的效果。

1. 图片导入

图片与实物一样，也是一种非常直观和生动的教学辅助材料，适当巧妙地利用图片往往能起到语言表达难以实现的效果。对于无法引进实物而又距离学生生活实践较远的内容，图片就可以大显身手。利用图片导入课堂教学活动通常有以下几种形式。

(1) 利用教材中已有的插图导入新课。现在中小学英语教材一般都配有与课文学习内容紧密联系的插图。为了提示教材的相关内容，在图片中往往附有对图片的描述，让学生对学习内容有一定的了解，再结合图片和老师的提示就能加深对学习内容的理解，有利于激发学生的学习兴趣，提高参与的积极性。

(2) 利用网络搜集图片进行导入。教师通过网络搜集的图片相比文中插图更具有新鲜感，但是需要用幻灯片才能达到效果。

(3) 对于年龄较小的学生，教师还可以用卡片或者挂图进行导入。比如学习水果名称时，教师可以拿些卡片展示给学生，让学生说出卡片中水果对应的英语单词，从而让学生认识这些单词。卡片比起实物来说更方便且能重复利用。

根据心理学研究成果，一个人经过一段时间的注意力集中后，注意力的危机就会到来，尤其是年龄比较小的学生，注意力集中的时间段较短。而恰当运用图片会有助于学生注意力的转移，从而延缓注意力分散危机的到来。

2. 简笔画导入

在课堂教学中，实物、图画有着特殊的信息沟通作用，但当这两种条件都无法达到时，教师就可用简笔画作为课堂教学的辅助手段开展教学活动。简笔画在现代语言教学中是一种既简便又经济的直观教学辅助手段。应用简笔画进行英语教学，能够迅速经济地给学生创设生动有趣的英语学习情景，引导学生直接进入英语思维环境，增强他们的形象思维能力，激发他们听说英语的积极性，使课堂气氛变得活跃。

3. 多媒体视听说导入

多媒体集图像与声音于一体，能吸引学生的注意力，增强学习的感官刺激，并能激发学生的学习动机，同时又能加大教学密度，优化教学效果。运用多媒体手段导入新课，采用视听结合的方式，使学生在心理上和知识上做好学习的准备。

传统的教学模式往往以教师为中心，教师仅利用讲解和板书作为教学的手段和方法向学生传授知识，学生则被动地接受教师传授的知识；现代教育建构主义学习理论“以学生为主体”，教师在整个教学过程中起组织者、指导者、帮助者和促进者的作用。教师需利用情境、协作、会话等学习环境要素充分发挥学生的主动性、积极性和创新能力，最终达到使学生有效地实现对当前所学知识的意义建构的目的。在这种模式中，媒体不再是帮助教师传授知识的手段、方法，而是用来创设情境、进行协作学习和会话交流，即作为学生主动学习、协作式探索的认知工具。结合声音、图像以及动感的画面可以让学生沉浸在教学要求的氛围之中，使较为抽象枯燥的语言知识变得生动规范，对于提高学生兴趣、活跃气氛，提高其主动学习、积极探究具有很重要的作用。视频导入虽能弥补其他直观导入法的缺陷，集声音、音乐、图片、动画等优点于一身，能快速有效地吸引学生注意力。但是播放时间不能太长，教师应把学生的注意力适时地引导到学习内容上面，而不是一味地任由学生放纵他们的思维和注意力。那样的话，不但不能起到预期的效果，反而会分散学生的注意力。

（二）测试法

通过测试学生所学语言的文化知识背景和外语交际能力，找出中国学生在英语学习过程中易犯的文化错误，从而有针对性地导入文化知识，这也不失为文化导入的一个行之有效的方法。

（三）典故引入法

典故是人们在说话和写作时所引用的历史、传记文学或宗教中的人物或事件。运用典故不仅可润饰语言，使之丰富多彩，生动清晰，而且使人们更易于沟通思想。基于某些词汇的神话背景，将这些词语与英语中的其他词语组合而成固定的短语，这些短语表达与相关神话背景相关的语义。在教学中若遇到此类典故，教师应给以仔细讲解。这样，不但能提高学生学习兴趣，而且能增强他们的阅读能力。

（四）课后补充法

英语课堂教学毕竟有限，尤其是大学英语，要充分利用第二课堂辅助进行文化教学，组织学生观看英文原版、电影录像，电影提供的语境多，可观察姿态表情、动作等辅助语言手段；鼓励学生大量阅读与文化现象有关的书籍、报纸和杂志，留心积累有关文化背景方面的知识；还可主动与外籍教师和留学生接触、交谈；举办专题讲座；开设“英语角”，收听 VOA 和 BBC 英语广播等。这样就可逐渐深入了解所学语言国家的历史、地理、文学、教育、艺术、哲学、政治、科技、风俗习惯等各方面的文化知识。

(五) 课内外活动法

为了更有效地、更有针对性地在大学英语教学中进行文化导入，教师除了采用上述的文化导入方法外，还可“设计各种各样的课内外活动，并尽量使活动融知识性和趣味性于一体，寓教于乐，以激发学习者的热情。”这项活动可使学生复习所学过的词汇知识，发挥丰富的想象，有机地把语言学习和文化学习在大学英语教学中结合起来。

成功的大学英语教学应是语言与文化相结合的产物，孤立的语言教学不能保障交际的顺利进行。在大学英语教学中，教师不仅要讲解语言知识，训练语言能力，还要注重文化导入，把文化导入的各种方法和途径融合于教学实践中，加强学生文化意识的培养。正如语言学家 Lado 在《语言教学：科学的方法》中指出：“我们不掌握文化背景就不能教好语言。语言是文化的一部分，因此，不懂得文化的模式和准则，就不可能真正学习语言。

(六) 文化习俗对比法

对比法是跨文化语言教学中的一个极为重要的手段。中西文化差异经常成为困扰学生学习英语的阻碍因素，因而将文化教学渗透到大学英语教学的各个方面就显得至关重要。“有比较才有鉴别”，只有通过对比才可能发现学生母语和目的语语言结构与文化之间的异同，从而产生一种跨文化交流的文化敏感性。礼仪、风俗习惯的中西差异是我们在英语课堂教学中不可或缺的内容。学习外语，必须学习目的语国家人士的生活礼节、习惯。

(七) 词汇文化内涵介入法

词汇的文化内涵一般指其感情色彩、风格意义和比喻意义等。由于“文化背景不同导致社会观念不同，对同一事物会有不同认识，如不加注意，以母语文化模式去套用，就会引起误解。”因此教师凡是遇到在英汉语言里具有不同文化内涵的词汇，就应不失时机地提醒学生。

（八）有关的文化知识加以注释法

教师要根据教材每节课的内容渗透相关英语国家的历史地理、风情习俗以及政治经济等知识，使学生能在更好地理解所学课文的同时加深对有关文化的了解。

五、大学英语教学中文化导入的措施

多年来，众多学者对在大学英语教学中文化导入的必要性进行了比较充分的论证，其中也不乏对实施文化导入的方法与策略提出的有价值的尝试。但是在大学英语教学中文化导入的实践中仍存在很多问题，主要包括文化导入比较零散，不够系统；文化导入中中国文化缺失，造成文化导入与语言学习和语用能力培养脱节；以及忽视对不同文化和价值观念的正确态度的培养，文化导入不能够激发学生的学习兴趣等。针对这些情况，如何在大学英语教学中更加高效地进行文化导入，以提高大学生的跨文化交际能力，有如下措施。

（一）英语教师提高英语国家文化素养的措施

在英语教学中要有效地培养和提高学生的交际能力，首先要弥补英语教师英语文化知识的不足。英语教师继续教育是很好的补缺机会。在继续教育中，要加强文化背景知识的教学，使英语教师深入细致地了解英语国家的历史、文化、传统、风俗习惯、生活方式甚至生活细节，从而使英语教师提高英语国家文化素养，进而为改善英语教学创造条件。

1．更新教育观念，树立良好文化意识观念

英语教师必须认识到英语教学不是被动式吸收英语知识，而应该把英语教学当成一种文化教育，旨在帮助学生树立正确的文化意识观念。英语作为国际通用语言，教师必须更新自身教育观念，以正确和发展的眼光看待中西方文化差异，培养尊重不同文化的态度和自身的文化交际意识，努力强化自身的文化素养，以更好地促进教学。只有先从思想的高度认识到作为英语教师文化素养的重要性，

才会努力把英语教学当成文化教育来展开课堂教学。然而在对比汉语文化与英语文化差异的基础上，以英语文化中较为突出的文化特征，尤其是容易引起交际上困难的文化特征为背景编写教材，作为专门的英语文化课程的内容。英语继续教育是面向全体英语教师的成人教育，英语教师之间的年龄、学历、职称等方面存在着很大差异，因此，我们应对不同层次的英语教师实施不同的教学内容。对那些英语文化知识几乎是空白的教师要比较系统地介绍英语国家，尤其是英美的历史、地理、传统、风俗等；对那些曾接受过英语文化教育的教师，要更新教学内容，着重介绍新的语言文化现象。

2．结合教材内容，有针对性地提高文化素养

读懂英美文化课本不是一件轻松的事情，英语国家有很多，随着对外交往的扩大，对英语国家文化的学习不能仅仅局限于英国和美国。一般的英语国家文化课本已经包含主要英语国家——英国、美国、爱尔兰、新西兰、澳大利亚、加拿大的社会与文化。各国专家编写自己国家的社会与文化，因而对各个国家文化的学习相对独立。如果一个国家一个国家地学习，头绪繁多，而且很难整合，要想在纷繁复杂的内容叙述中架构系统的知识体系，就必须要掌握关键知识点，进行对比、分析、综合，了解其本质特征。这就需要教师建立起多维文化视域，用批判性的眼光对待异国文化，适当吸收，可以在教学过程中结合教材对比本土文化和英语国家文化，丰富英语国家背景文化知识，使自身在文化学习中提高文化素养。教师通过结合教材内容，转变英汉思维，了解差异，树立真正的跨文化意识，有效提高自身文化素养，做一名符合教育发展趋势的英语教师，不断往专业化方向发展。总之，只有吃透教材，形成系统化的社会与文化知识体系，才能在突际应用中胸有成竹，有的放矢，才能有效完成教学任务。

3．英语继续教育教材内容包括丰富的文化内容

英语继续教育各门课程所选用的教材内容都要包括尽量丰富的文化内容。可以选取将文化内容与语言材料结合起来的文章。英语文学作品的阅读也是一种学习英语文化知识的重要方法。一个民族的优秀文学作品是该民族文化的精华部分，

是传统文化的积累。因此，文学作品是了解一个民族的最生动、最丰富的材料。相关课程应选择一些有助于学员在短时间内提高交际技能的文学作品。另外，可以安排一定量的报刊选读。阅读报纸、杂志或阅读从报纸、杂志上选下来的文章，也是了解当前社会各阶层、各种社会问题、各集团的动态、社会关系的最直接的途径。从这里所了解的信息是最新的，这往往也正是教科书中所缺少的，从而也可以扩大知识面。

4．以英美文化课为依托，深化对英美文化的理解

英语教师最系统的文化训练应来自大学期间英美文化学习的课堂。目标语的学习者运用自己的思维形式，用原汁原味的地道英语叙述自己的本土文化，读懂原著的英语文化是非常具有挑战性而且是非常有意义的：一方面可以综合提升英语语言词汇语感的能力；另一方面又能了解英语国家文化。所以，英语学生应重视英美文化的课程学习，同时要夯实自己理解文化的知识基础，要大量查阅有关英语国家的人文、地理、社会制度的书籍，以课文为依托不断扩充和深化自己的社会与文化知识，不仅要读懂字面的文化知识，更要读懂文化形成的深刻原因。而要读懂文化的形成原因需要以许多知识原理为依托。要形成目标语国家的社会与文化体系需要老师的引导，更需要学习这门功课必要性的认知，需要调动自身的潜力。有了良好的社会与文化课的训练，才能够掌握相关的文化知识，真正建构目标语国家的文化体系，形成系统的文化观。

5．英语文化教育应贯穿于继续教育的各门课程之中

在英语继续教育中，应使英语文化教育与其他课程的教学浑然一体，使英语文化教育贯穿于继续教育的各门课程之中。用社会语言学的基本理论来指导教学，处理好语言与文化的关系，语文能力与文化能力的关系让英语教师充分注意了解英汉交往中东西方文化差异的广阔范围和诸多因素。英语教师继续教育所开设的各门课程既应从不同的视角，展现英美等国的社会阶层、家庭结构、职业等社会文化大的方面，又要重视约会、打电话、吃饭、打招呼等社会生活细节，以及词源典故、成语格言、委婉语、禁忌语、敬辞、谦辞、语体等反映文化差异的因素。

在继续教育中，强调英语语言的社会文化因素会帮助英语教师逐渐形成对英语文化的敏感性。

6. 加强继续教育，扩大对外交流，提升教师自身文化素养

只有不断加强学习，才能不断提升自我。因此，英语教师可以通过多种途径，加强继续教育，提升自身文化素养。教师可以注重加强精神和表达文化学习，深入了解英语国家的人文风情、地理面貌、传统节日等内容。此外，英语教师可以利用互联网进行继续教育，多观看英语电影和外国综艺性节目，在观看过程中感受英语国家文化，使自身视野不断开阔，进而提升文化素养。最后，英语教师继续教育工作也要适应时代的要求，加强对外交流与合作，做到“请进来，送出去。”我们应请进英语国家的专家学者直接参与英语继续教育工作和英语教学，增加英语国家的专家学者与我国英语教师们进行座谈交流的机会。要经常选派英语教师出国培训，身临其境，直接了解英语国家，切身感受英语文化。这极有利于认识比较汉英语言、文化的差异，进而有效培养和提高文化素养。

我国著名的语言学家季羡林曾经说：“世界上万事万物无不随时变化，语言何独不然。一个外语学者，即使已经十分纯熟地掌握了一门外语，倘若不随时追踪这外语的变化，有朝一日，他必须会发现自己已经落伍。”继续教育中“英语文化”课程的教学要随时把语言现象的最新变化介绍给教师们，因为语言的变化反映了社会文化的变化。

综上所述，中国在开放，世界在融合，英语教师英语文化素质偏低并直接影响学生英语交际能力培养的情况不能再延续下去了。同时，英语教师必须提高自身的英语文化素养，不仅要注意英语国家文化、社会、风土人情的了解，更要重视和拓展对英语文化课程的学习，还要在英语阅读的过程中注意积累英语国家文化的知识，使英语国家文化的知识深化和系统化。要掌握中华民族本土的文化，学会中西文化对比分析研究，真正能在自身文化底蕴的基础上增加对其他民族文化的理解和认同，最终实现顺利表达本土文化以及与英语国家进跨文化交际的教学目的。

(二) 大学生提高英语国家文化素养的措施

1. 充分利用多媒体技术

随着信息技术的不断发展，多媒体正作为一种现代化的教学手段应用于课堂教学，如课件制作、网络教学等。那么教师就能利用多媒体给学生播放一些反映英语国家文化的电影电视，寓教于乐。还有一些软件也是很好的文化交际教材。这种媒体教学打破了传统教学的枯燥乏味，从而也可以增加学生的学习热情，优化了课堂教学，搞活了课堂氛围，进而提高了教学质量。当然，除了在课堂上以外，在网络世界的今天，我们可以通过上网了解一些相关英语国家的一些信息。这也是当今比较方便快捷地了解英语国家文化的一个途径。

2. 利用英语课堂传授文化知识

英语教师应当充分利用课堂教学使学生明白英语学习不仅是词汇语法的学习，更是文化的学习。学生只有懂得欣赏英语国家的文化，才有兴趣学习英语。教师可以在每堂课正式上课之前抽出几分钟时间向学生介绍一些英语国家的文化。也可以让学生自己在课下收集文化方面的材料到课堂上以演讲的方式介绍，以培养他们的自主学习能力。此外，教师可利用教材适时导入与教材相关的文化背景知识，能在很大程度上激起学生的学习热情。

3. 举办中西方文化交流活动

教师可以指导学生组织举办各种学习英语国家文化的活动。如英语演讲比赛、英语知识竞赛、英语国家文化知识讲座、英语辩论赛等。通过学生自身的参与来更加深入地了解英语国家文化和中国传统文化的差异。从而最大可能地减少实际运用英语进行交际过程中遭遇的“文化冲突”。此外，在条件允许的情况下，我们可以“走出去”，身临其境地了解英语国家的文化。总之，文化是在发展中不断变化的，我们也得用发展的眼光去了解英语国家的文化。

总之，我国目前大学英语教学中的文化导入还做得不是很理想，还需要广大的教育者充分利用各种资源、各种机会不断地提高自身和学生们的跨文化知识和能力。在课堂教学中的文化导入，也不应只停留在讲解对学生理解语言有帮助的

“文化碎片”上，还需要挖掘其深层的价值观念或历史渊源，从而帮助学生从整体和概括的高度对目标语文化有所把握，并形成正确的价值判断。最后，跨文化交际不是单行道，而是至少两种文化之间的交流与碰撞，当代的大学生也应该通过两种文化的对比学习更加了解，甚至能够宣传中国的基本国情和灿烂文化。

第二节　美国多元文化教育对大学英语教育的影响

一、美国多元文化教育的背景

首先，美国的在校学生在构成上具有鲜明的异质结构，大约有25%的儿童来自少数民族，而且这个比例有增无减，因为不断有世界各地的移民流入。据估计，到2020年在校学生中有色人种学生将超过30%。因为以白人为中心的种族主义天然存在，而且它已经对于人们对事物的理解、评价、信仰和行为产生了较大影响，教育就应直面这种存在而加以改革。如果学校教育不实行多元文化教育，那么种族歧视一类的社会问题就会日益严重。加之美国人一贯标榜民主、强调人权，在这样复杂的社会构成中消除社会偏见，尊重人们的生活选择，让所有人享有平等的机会以使其在智力、社会能力和个人成长等方面的潜力都得到最充分的发挥就成为公民的一种迫切要求。

其次，随着科学技术的发展，在学校教育中树立全球意识正成为公民的一种紧迫任务。因为人们越来越充分认识到人类只有一个地球，而这个地球正面临诸如环境污染、贫穷和疾病、全球性饥荒、艾滋病、国际恐怖主义等诸多问题。人类要解决这些问题，就需要全球性的合作，而这种合作就需要人们具有一定的跨文化理解能力。这种能力在学校教育的培养中则要求实行多元文化的教育。

另外，文化多元论的理念日益深入人心。所谓文化多元，即所有共同存在的文化群体以平等和相互尊重为特征共创的一种社会环境。它坚决反对文化同化论的幻想。这种“文化同化论”期望少数民族能够放弃他们的传统，融合或被主流社会中占统治地位的文化所吸纳，而多元文化教育则主张在多元文化社会里少数民族成员有权自由地保留其特有的文化方式——只要这些传统能与整个社会和谐共存。

尽管对于多元文化教育仍然有很多不同视点形成的不同定义，不过这些定义都含有一个核心，那就是多元文化教育通常是指多民族国家对各民族的学生，特别是少数民族的学生进行的有关少数民族文化的教育，以使学生能享有平等的教育机会、能理解自己的民族文化并享有应有的文化尊重。

二、美国多元文化教育对我国大学英语文化教育的启示

一直以来，我国的文化教育理论研究发展迅速，但实际应用却由于种种原因远远滞后，而大学英语课程中的文化教育则成为当前大学英语教师迫切需要关注和改进的内容。对于大学英语的学习，很多学生都是为了拿到毕业证书或大学英语四、六级证书迫于无奈而学。因此，学生们并不看重大学英语教学中的文化教育。他们认为只要学习好英语并通过考试就算是完成了大学英语的学习。然而，语言是文化的载体，语言始终是与文化同步变化的。如果不了解一个国家的文化，就无法深入了解这个国家的语言。语言与文化是相互依存的，任何一种语言都不仅仅体现着该民族特有的民族文化、风土人情、生活习俗以及历史，也能反映该民族文化的逻辑、民族心理、人文历史、社会价值和民族的思维方式。不同的民族有着不同的社会文化背景，不同的语言文字正是他们各具特色的表达符号。因此，学习一门外语必须要了解这门语言所承载的历史和文化。对于目的语国家的文化、传统、风俗习惯、生活方式及生活细节了解得越深刻细致，就越能够正确理解并准确使用这种语言。那么，在大学英语课程中进行多元文化教育，就要从教学大纲入手进行大学英语教学改革。

（一）重新思考民族教育的概念

美国多元文化教育由于过度强调差异，研究范围过大，致使研究者无法确定应被首先关注的文化群体。多元文化教育概念的模糊不清给实施多元文化教育带来了一定的困扰。从美国多元文化教育的理论和实践出发，结合中国的实际，笔者对民族教育的基本概念和范围曾进行如下的阐述：民族教育可分为广义和狭义两种，广义的民族教育是指对作为有着共同文化的民族或共同文化群体的民族集

团进行的文化传承和培养该民族或民族集团的成员，一方面适应现代主流社会，以求得个人更好的生存与发展，另一方面继承和发扬本民族或本民族集团的优秀传统文化遗产的社会活动。狭义的民族教育又称少数民族教育，指的是“对在一个多民族国家中人口居于少数的民族的成员实施的复合民族教育，即多元文化教育。多元文化教育的目的是，一方面帮助少数民族成员提高适应现代主流社会的能力，以求得个人的最大限度的发展；另一方面继承和发扬少数民族的优秀传统文化遗产，丰富人类文化宝库，为人类做出应有的贡献。”少数民族教育是多民族国家实施的国民教育的重要组成部分。对民族教育基本概念在理论上的厘清，不仅有利于对民族教育实践的指导，而且也是确定多元文化教育目标和内容的必要前提。

（二）开设英语文化教育相关的辅助课程

大学英语的学分随着大学英语教育改革的推进将有所减少。这就意味着大学英语的课时也大大地减少了。那么，要求大学英语教师在如此有限的课时内将文化与语言教学都完成恐怕会有相当大的难度。学校在课程设置与安排上可以通过面向全校学生开设诸如“英语国家文化”这样的通识课程，辅助大学英语教学做好目的语国家文化的普及，开拓学生对于英语学习的文化视角，提高学习兴趣。教师在原有的大学英语课程内容上增加文化内容，把多元文化知识内容作为选修的或额外的课程，使多元文化内容在课程中逐步增加，最终把多元文化内容作为课程中的共同核心。如此，多元文化教育能以核心课程的方式出现。教师们也可以先在小范围改进教学内容并实施多元文化教育。取得了一定的教学成果之后，教师可以进一步扩大大学英语教育中的多元文化教育改革范围，相互间可以取长补短，互相促进，增强改革信念。

（三）创造氛围培养多元文化意识

在经济全球化的背景下，东西方文化相互影响，中国文化表现出了前所未有的复杂性。既要继承中国特色的本土文化，又要防止西方文化的渗透；既要顺应时代的变革创新，又要保持我国的传统文化，所以当前文化的多元态势使我国传统的价值体系受到了严峻的挑战，我们的教育身在其中，如何培养公民的多元文化价值观，在保持自身文化特色的同时，也要尊重不同文化，肯定文化的多元性和多元价值成为新时代的使命。美国多元文化教育代表人物班克斯认为："多元文化教育至少包含三层含义：它是一种观念或概念，一场教育改革运动，一个过程。"多元文化观的建立首先基于观念的获得，但是我们都知道，个人或者群体的观念或者概念的获得与改变是非常难的，这需要全社会或者说从学校这一学生生活的空间开始，创造多元文化氛围，促使学生了解自身文化的意义，肯定自己的文化进而了解并尊重其他文化，从而建立多元文化观。

（四）实施"多元文化整合教育"

结合美国多元文化教育的理论和实践，笔者认为，应该在一个多民族国家中实施"多元文化整合教育"。"多元文化整合教育"理论认为：一个多民族国家的教育，在担负人类共同文化成果传递功能的同时，不仅要担负传递本国主流民族优秀传统文化的功能，而且同时也要担负起传递本国各少数民族优秀传统文化的功能。"多元文化整合教育"对象不仅包括少数民族成员，而且也包括主流民族成员。"多元文化整合教育"的内容，除了包括主流民族文化外，还要含有少数民族文化的内容。少数民族不但要学习本民族传统优秀文化，而且也要学习主流民族文化，以提高少数民族年轻一代适应主体文化社会的能力，求得个人最大限度的发展。主流民族成员除了学习本民族文化外，还应学习少数民族文化。"多元文化整合教育"的目的是，继承各民族优秀文化遗产；加强各民族间的文化交流；促进多民族大家庭在经济上共同发展、在文化上共同繁荣；在政治上各民族相互尊重、平等、友好与和睦相处，最终实现各民族大团结。

（五）实施多元文化课程改革

当前，我国少数民族地区基础教育存在的最大弊端是过度重视普适性知识的传授，使学校教育与当地儿童的发展和地方经济社会等方面的发展相脱离，学校课程内容远离少数民族学生的实际生活经验，常常造成"文化中断"，导致在学校里少数民族学生习得的普适性知识和日常生活经验无法建立有机联系，无法满足他们带有地域性、民族性和学校特点的发展需要，导致他们对于基础教育课程产生陌生感和自卑感，在学习过程中备受挫折，从而丧失了学习的动力，这是造成少数民族学生学业成绩低的一个主要原因。要想提高少数民族学生的学业成绩，就必须改造少数民族地区学校的整体文化，实施多元文化课程改革，协调、平衡和整合国家文化、地方文化和社区文化的立场、观点和诉求，创造一个真正平等的有利于少数民族学生成长的教育环境。

第三节　大学英语跨文化教学中的问题与应对措施

一、大学英语跨文化教学的现状

教育部前副部长吴启迪曾经指出，当今世界科技迅猛发展，国家与国家之间展开的竞争日益激烈。在世界经济发展的浪潮中，中国经济迅速发展，国家综合实力日益增强，中国与世界各国的联系愈加密切。在世界经济一体化和文化日趋多元化的大背景下，已经成为世界通用“普通话”的英语，其在提升国家国际竞争力，在国际政治、经济商贸、信息交流等各个领域的重要作用越发凸显出来。掌握这门语言，能大大提高我们国家的国际竞争力，因此加强大学英语教学改革，提高人才培养质量是培养具有国际竞争力的高质量人才的关键。可见，在国家高层和教育行政主管部门，外语教育已被提升到民族振兴、提升国家的国际竞争力的高度来认识。然而，由于种种原因，在我国外语规划和外语教育实施过程中，在外语教学改革进程中还存在许多突出的问题。对这些问题，不做细致的研究与分析，没有相应的对策，就会严重影响和阻碍中国经济的发展，影响我国综合国力、国际竞争力的提升。

（一）给我国大学英语教学带来的挑战

1. 人才培养观念需要转变

随着全球一体化经济的不断发展，国与国之间的交流与合作日益频繁，这就使得我国需要大量拥有良好知识结构、出色的外语语言能力、熟知外国文化传统和交往礼仪，能够处理国际事务，进行国际交往的“国际化”人才。具体来说应具备如下几方面。

(1) 要正确理解和对待不同文化间差异的存在。要通过发现其他文化中存在的不足来改进我们自身文化方面的缺陷，以便我们愈加客观公正地对待不同文化，同时，也利于我们在差异文化中查找存在的类似的地方。

(2) 要具备良好的文化适应能力。人们在跨文化交际过程中会不可避免地发生文化冲突，冲突的程度会对人们的进一步交流产生或轻或重的影响。人们只有提高自身的文化适应能力，才能保证跨文化交际的顺利进行。

(3) 跨文化交际能力是实现文化的双向交流与互动的基础。丰富的词汇和地道流利的语言表达并不能保证跨文化交际的顺利进行，对外国人的历史、地理、习俗、生活方式和价值观念等的了解和理解在跨文化交际中起着至关重要的作用。随着我国在政治、经济、文化等多个方面改革开放程度的加深，中国人跨文化交往日益频繁，人们普遍意识到只有熟练地掌握、运用外语，提高跨文化交际能力才能有效地进行国际间的交流与合作。因此，在跨文化背景下，英语教学责无旁贷。大学英语教学必须转变教学观念，把教学重点由原来的只注重语言教学转变为在原有语言教学的基础上，加强文化教学，加强培养学生的跨文化交际能力，努力造就国际化人才。

2．外语教学理论需要更新

跨文化交际不仅仅涉及语言问题，不同文化间的差异的存在，更是难以逾越的障碍。在交际过程中，人们往往既要遵守语言规则又要遵守一定的文化规则。因而，在跨文化交际中，言语表达方面的文化规则和习俗等语言方面和文化背景方面的知识尤为重要。我国的外语教学，恰恰在文化层面非常薄弱，因此外语教学所面临的挑战十分严峻。

文化冲突经常发生在跨文化语境中。曾有学者指出相对语言错误来说，文化错误则更加严重。因为语言错误只是没有把心里想说的话表达清楚，而文化错误则极有可能使来自不同民族的人之间产生误会甚至敌意。要想成功有效地消除交际障碍和交际摩擦，顺利进行跨文化交际，就必须具备一定的跨文化交际能力。Vinston Brembeck 指出，“采取只知道语言不懂其文化的教法，是培养语言流利的大傻瓜的最好办法”。因此，外语教学必须重新定位教学目标，加强对跨文化理解的重要性的认识，要把培养学生的跨文化交际能力放在突出显要的位置才行。可见，传统的语言教学理论已经完全不能适应新形势下跨文化交际对外语教学的新要求。外语教学界只有以更加敏锐的眼光审时度势、通盘考虑新的世界局势对人才的需求，对外语教学理念、内容和方法等进行全面改革，才能使外语教学自如应对新的挑战。

（二）大学英语跨文化教学的现状

在理论上，我国外语教学界已经普遍认识到外语教学中文化教学的重要性，而实际教学运行上，教学的现状仍不容乐观。根据调查大学生毕业后的英语运用方面的工作表现，能够胜任外事交流需要的学生极少。绝大多数人要么是会看不会说的“哑巴英语”，要么就是交际中随处碰壁的“流利傻瓜”。原因在于他们对异国语言文化缺乏了解和理解，不懂得目的语言的使用规则，交际中常常发生误会，造成严重后果。这是因为在外国人看来说一口流利英语的人自然应该懂得语用规则，不然，怎么能把英语说得这么好？学生从小学、初中、高中、大学一路学着英语走过了十几年，到头来却不能用英语有效地进行跨文化交际，这些事实足以表明我国的大学英语跨文化教学现状不容乐观。

大学英语是高等院校的必修课，各个院校都在大学英语教学上投入了大量时间、人力、物力。然而，即使是四、六级成绩优异的学生也不见得能流利、得体地使用英语进行交际，这实在是一件令人尴尬的事情。其原因在于：大部分课堂上英语教师仍在沿用传统的教学方法，教师讲，学生听，缺少学生参与互动。学生对于英语国家的文化知识知之甚少。教师和学生都在纯粹为语言而语言。语言学习与文化学习被剥离开来。师生互动不足，素质教育大多停留在理论上。在英语已经成为世界通用语，国际竞争日趋激烈的 21 世纪，文化成为交流必不可少的、重要的因素。但是，大学英语教学实际上较少涉及文化教学。教师对该要求的了解程度表明他们对跨文化教学缺乏应有的了解与认识。

我国大学英语教学的现状是：①教师只是注重课本知识，忽视了对学生进行西方文化的学习的引导和指导；②大学英语教学模式与教学方法过于陈旧，教学内容不能与时俱进；③大学英语教师的专业知识和文化素养有待于提高。

总之，大学英语教学不应该只是简单的语言学习，跨文化学习也不仅仅是在英语语言的学习中融入文化的影响，而是要在深厚的中华文化的基础之上，采用对比分析等方法宽容、敏感地深刻理解目的语文化。

二、大学英语跨文化教学中的问题

回顾我国过去几十年外语教学的理论和实践，不难看出，它基本上是围绕着语言知识教学、词语分析、语法讲解、句型操练这样一条主线进行的，而对语言外或超语言的文化因却没有给予足够的重视。这在一定程度上是由于人们受到“语言工具论”思想认识的影响，习惯把语言仅作为一种符号来进行传授。在这种轻文化重语言的外语教学思想的背景下，大学英语教学一直把培养学生的“纯语言能力”作为主要的教学目标。课堂上大多数教学只是停留在语言本身，忽略了与语言使用密切相关的文化因素。

伴随全球化和多元文化的发展，跨文化教学理念已被越来越多的英语教师所接受，教师已经普遍认识到跨文化交际知识和跨文化教学的重要性，并普遍认为语言技能训练与文化知识学习同等重要，认识到英语教学不仅仅要培养学生的语言能力，更重要的是要培养学生的跨文化交际能力，语言技能和文化技能的完美结合才能使跨文化交际中的语用障碍和语用失误最大限度地得以避免。但认识归认识，大学英语跨文化教学的有效实施并没有真正得到落实。教师和学生认识上的差距，教学目标、教学内容的制约等因素，使得跨文化外语教学效果不尽如人意且随处可见。下面我们就具体分析大学英语跨文化教育普遍存在的几方面问题。

（一）传统中国文化价值缺失

一些学者指出，我国外语文化教学要特别注意两方面：①加强目的语文化和母语文化的学习；②注重学习以目的语表达目的语文化和母语文化。因为在 21 世纪国际局势迅猛发展，文化的交流是双向的，外语学习的目的是为了实现“双语文化的交叉交际”。如果对对方文化缺乏了解，或因为不会使用外语进行文化表述，这种交际就会出现失误甚至中断。近几年目的语文化教学在众多高校的跨文化教学中占据主导地位，目的语文化、传统习俗和交际技巧不同程度地得到传播和学习，但却忽略了自身的母语文化和母语文化正迁移的作用和意义。这种跨文化教学模式使跨文化交流的双方失去了平衡。在跨文化交际过程中，人们要相互交流、彼此理解、互相影响。交流也意味着吸收和传播，只吸收、不传播，就不是真正意义上的跨文化交际。

中国文化知识的不足制约着学生跨文化背景下交流的顺利进行。目前，在外语教学中普遍存在着一些问题。如当前的大学生在跨文化交流时，他们虽了解一些英美文化，但对本国文化的表达和介绍却显得力不从心，无论是口语表达还是书面表达都无法在更广泛、更深刻的层次上作进一步交流。“中国文化失语症”现象会给跨文化交流带来巨大的负面影响，最直接的危害就是阻碍跨文化交际的顺利进行，因为我们无法用英语向对方介绍与我们文化相关的一些内容。另外，我们会失去很多向外传播中国优秀传统文化的机会。如果在跨文化交际中，我们对自身文化发生失语现象的同时，却又一味地去迎合异族文化，没有了自我，其结果必然会陷入文化认同危机，而最终被强势文化所同化、吞噬。

在我国的英语教学中，英语教材中的西方价值观占主导地位，中国传统文化内容严重短缺。英语作为西方文化的载体，自然体现西方的价值观念和意识形态。西方文化为主体的文化教学忽视了中国文化世界传播的重要性和必要性，不利于学生跨文化交际能力的提高和跨文化交际的有效进行。因此，要客观辩证地评判异国文化，正确地欣赏和理解文化。单一地吸收和肯定或否定的态度都是不可取的。只有在正确的价值观和世界观的指导下，在深厚本土文化的基础之上学习、体验、对比、鉴别母语文化与目的语文化，才能正确理解、评判异国文化，才能实现真正意义上的跨文化双向交流。

(二) 跨文化教学目标不明确

在大学英语课程教学要求中，跨文化教学给出了一定的教学要求，但是没有做出具体的规定和标准，导致大学英语跨文化教学出现教学目标不明确等问题，给大学英语跨文化教学模式的实施带来很多困难。大学英语教师只注重大学生英语听、说、读、写能力的培养与提高，忽略英语文化的渗透，给英语文化传播造成一定的阻碍。由于跨文化教学没有明确的教学目标，导致大学英语跨文化教学实施缺少具体的教学指导，教师不能正确把握英语文化的教学程度；导致大学生之间存在严重的英语文化学习差异，给大学生英语学习综合能力不断提高造成严重影响。

（三）英语教材设置不合理

教材在课堂教学中起着重要作用，学生的学习以及教师的教学都是依据教材进行的。英语教材的内容多是科技性以及说明性的文章，这样的文章不利于跨文化的学习。现如今，大学英语使用较广泛的教材分别为董亚芬主编的《大学英语》及郑树棠主编的《新视野大学英语》，这两套教材比较充分地意识到英语国家文化在语言教学中的作用，但在实际的教学过程中，依旧侧重主干知识的教学。即重点讲解语法、词汇等语言方面的知识，对文化的介绍依旧很少。另外，由前面的定义，我们可以知道跨文化是两种或者两种以上不同文化群体之间的交流，现在的英语教材要么就是偏于科技性、说明性文章，要么就只介绍英语的文化，而对于中国文化的介绍特别是中国文化的英语表达的介绍少之又少。这就导致很多学生会用英语表达诸如情人节、圣诞节之类的西方节日，但对于七夕等中国的节日却缺少了解。这也在一定程度上影响了跨文化交流。

（四）学生学习英语的功利性问题

在外语教学中，教师是教学的主导，起着引导、指导的作用，而学生是学习的主体，在众多影响外语学习的因素中，学生是事关外语教学效果的内因，是学习成败的决定因素。学生的学习态度和动机决定了学生是否有积极的学习行为。文化内容基本不作为考试内容，学生学习英语的功利性程度太高。学生对于英语文化的学习很被动，相当一部分学生学习英语是为了应付考试和为出国创造条件，并不是日常生活的积累或者兴趣使然，更谈不上为社会的进步和发展尽义务、做贡献。许多企事业单位在招聘人员时往往把是否通过大学英语四、六级考试，是否拥有四、六级证书作为考核学生英语水平的标准和录用与否的重要条件之一。这就使得影响日益扩大的四、六级考试成绩似乎成了衡量学生英语水平的唯一标准。

(五) 跨文化教育的方法相对简单

教师不善于灵活运用跨文化教育的教学方法。从目前情况看，多数英语教师还不能掌握各种现代教学法，特别是还不太善于根据具体教学目的需要选择各种教学法中最适用的部分。教学中偏重语法和句法，偏重语言交际，忽视文化因素以及非语言交际。教学中往往注重书本知识，而对如何引导学生大量阅读西方文化和获取跨文化交际知识，拓宽学生知识面重视不够，方法不得当。以教师为中心的教学原则和方法，既忽视了学生的主体作用，也不利于培养学生的跨文化交际能力。适合跨文化教育的英语教学方法很多，直接法、听说法、交际法、认知法，都对外语教学理论和实践的发展做出了巨大贡献，但也都是不同时期不同教学理论的产物。近年来，国外一些新的教学方法不断被介绍引进，拓宽了英语教师的视野，也给英语教学注入了活力。教师必须深入研究和采用不同的教学法，才有可能实现跨文化教育的目标。

(六) 学生对学习外来文化的心态不够合理

我国的外语教学远离目的语文化的环境，并受整个教育体制和考试体制运作方式的制约。我国学生的母语属汉藏语系，与印欧语系极为疏远，文化传统、语言特征，包括语音、语法和文字系统迥然相异，学习英语的起点低，说明教学环境从根本上制约着教学客体。作为正规教育机构中受教育的学生，他们学习英语的直接目的可能是通过考试，拿到文凭。所以，考试往往起着指挥棒的作用。语言教学要服从整个课程设置的要求与安排，而除了考试，语言能力和交际能力难以用外部的条件和标准来检验。此外，我国的国情环境和社会伦理结构作为文化传统的一部分，对英语的教与学，尤其是学习动力也产生相当大的影响，可以说学生学习英语的工具性动机不十分明确，主要是外部动机在起作用，即为升学而学。长期以来，国民教育的主要活动是向受教育者一味地灌输知识，不注重对学生能力的培养。受现行教育的影响，学生的英语学习风格也多是以背诵为主。从教学条件看，教育经费的逐年增加与国家的人口、幅员和教育发展的需要还不相称。教师数量不足，质量有待提高，学习外语的学生量大、班大，且程度参差不齐，教师难以做到因材施教。至于课外语言学习环境，无论是社会、学校还是家庭，都难以提供英语学习和交流的真实环境。所以综合起来看，学习外语的环境不是那么令人满意，需要从各个方面加强跨文化教育的支撑条件。

目前的外语教学明显地落后于经济的发展和社会的需求。首先，学生只重视知识的接受，忽视已有知识的运用。虽然有些学生语言能力较强，但跨文化理解能力普遍较弱，如对交际方略、交际规则、礼貌规则等方面的知识知之甚少。不熟悉目的语国家的思维模式和社会文化背景，对隐含文化内涵的语言现象和行为不理解，在跨文化交际中经常误解对方以致交际失败。其次，当代学生普遍对中国传统文化知之较少。面对网络时代的文化渗透，面对文化霸权依仗的信息与技术的强大和领先，很自然就形成一种无端轻视本民族文化，盲目崇拜外来文化的风气。最后，尽管学生对外来文化的知识很多，但对外来文化的心态却不尽合理。所以形势迫切需要通过跨文化教育来使我们的大学生养成尊重、开放、宽容与平等的跨文化心态，引导他们形成比较合理的跨文化意识和心态。

（七）跨文化教学与实践联系不紧密

在大学英语跨文化教学中，教师对中西文化存在的差异没有给予高度重视，误导大学生的英语学习方向，使跨文化教学不能与实践紧密联系在一起，导致跨文化教学的效果一直处于不理想状态。教师在英语课堂上进行文章结构的剖析时。没有按层次进行逐步讲解，使大学生学习英语的兴趣得不到有效增强，当大学生在学习英语文化时，不能对语句顺序和句意进行深入的理解，导致大学生在实践过程中经常出现语句错误的情况，从而严重降低大学生学习英语文化的积极性和主动性。例如：在与外国友人进行英语交流时，要注重外国的沟通方式，正确运用外国人的逻辑思维思路，调整语序，以提高跨文化交流的有效性。

（八）教师跨文化教育的意识和能力不够强

教师是学生获取文化信息的最重要的源泉，教师的知识结构、教师对文化和文化教学的态度都关系到文化教学的成功与否。教师对外语文化教学的不同理解，都与其具体的文化教学行为(如教学内容、教学方法的选择)有直接的关系。在具体的教学实践中，教师应有意把文化信息的渗透与语言技能的教学紧密地结合在一起，在帮助学生学习和掌握语言技能的同时，还应积极地引导学生自觉了解和适应目的语文化，培养学生对目的语文化的敏感性和洞察力。

外语师资质量无疑是外语教学质量的保障。在目前我国英语教学的社会环境条件下，学生通过英语教师获得英语能力是其英语学习的主要途径，有时甚至是唯一的途径。所以，外语教学不同于其他学科的教学，外语师资的质量在很大程度上决定了外语教学的质量。由于我国英语学习者人数众多，优秀英语教师一直处于短缺状态，教师整体质量不容乐观。就大学英语教师而言，教师学历结构严重偏低。就教师目前的状况而论，无论是专业水平，包括语言知识、语言应用技能、跨文化交际理论和教学法知识等，还是教学理念和教育观念，都不能适应现代外语教学的要求。因此，提高英语教师整体素质刻不容缓。教师自身运用英语进行跨文化交际的机会不多，其文化敏感性不强，跨文化交际能力较弱。出国进修对于大多数中国英语教师而言只是一个不可能实现的梦想。虽然近年来有机会出国进修的英语老师人数有所增加，但由于缺乏系统的文化培训和学习研究，外语教师往往不能够正确地定义文化，关于文化的内涵，他们或者认为文化包容一切，或者列举一些易于观察、易于捕捉的文化现象，至于深层次的文化信息如思维模式、价值观念等，常常被教师们忽略不计。这种片面、肤浅的文化理解大大妨碍了文化教学的深入开展。教师基本上是根据个人兴趣与时间各自查找、补充相关文化信息。教师对相关跨文化知识的教学材料的分类和理解各有不同，对教学内容缺乏统一认识，缺乏统一的或集中的讨论和总结。多数的文化教学是以背景知识介绍的形式进行的。文化被当作是静止不动的知识和信息传授给学生，文化教学处于可有可无的状态，教师完全随心所欲地对待文化内容。这就使得文化教学依附于语言教学。有些教师进行文化教学完全是为了引起学生注意，而不是为了文化教学本身，因而他们的文化教学也不是课前周密安排、精心策划的教学内容，而只能是语言教学的调味剂，常与语言教学脱节。

虽然教育部明确要求大学英语教学要注重培养学生的综合文化素养，但文化教学方面并没有可与语言技能教学相比具有可操作性的完整体系作为指导，而是仍处于盲从状态，严重影响了跨文化外语教学的实施。很多大学英语教师没有充分认识到跨文化教学的重要性，还是把教学的重点停留在词汇、语法和句型等语言知识层面。由于教师本身的跨文化交际知识储备不足，也由于大学英语教师的跨文化教学意识太过于淡薄，外语教学中的跨文化教学在我国的实际状况无法令人满意，外语教学很难改变学习者对于目的语文化的了解和认识的固有模式。大学生们的社会文化能力与交际能力远远落后于他们的语言能力。现有的教师、使用的教材和采用的教学方法都根本满足不了跨文化学习的需求。教学中所进行的缺乏代表性的对目的语国家的文化导入，也根本做不到去矫正学习者原有的对这些国家的认识和了解方面已经形成的成见。内容偏狭的文化导入与文化背景知识介绍难以提高学生的文化敏感度及帮助学生客观公正地认识和了解目的语国家的各种文化现象。

综上所述，虽然大部分教师对文化知识的学习、对文化教学的重要性、对学生跨文化交际能力的培养有所认识，但教师教学理念陈旧，自身文化储备不足，对文化内涵、对语言与文化的关系、对语言教学与文化教学关系的理解还不够深入，教师文化培训欠缺，文化教学尚处于可有可无、内容不够明确的盲目状态，教学方式方法又落后、单一，大学英语文化教学状态令人担忧。

(九)“文化中心论”的心理干扰因素

在跨文化交际中，人们对其他文化的态度直接影响到其跨文化交际行为。由于难以摆脱母语文化的约束， 文化态度中一个极为突出的问题是，人们深受母语文化观念的羁绊，在处理问题时习惯于自觉不自觉地从母语文化的角度去观察和对待其他文化，最突出的心理干扰因素是“文化中心论”，或称“文化优越感”“文化模式化”和“文化偏见”。

1．文化偏见

文化偏见论者采取的是一种处于固有的成见所持有的不公平、带偏见的，甚至是顽固不化的歧视态度对待与己不同的文化，喜欢专门搜集可以证实自己偏见的“证据”，对与之矛盾的其他事物和现象则置若罔闻。持有文化偏见的人总是以所谓的“自我参照标准”(简称 SRC)，即以自己的文化价值观为标准，来评价或衡量处于不同文化中的人的行为或事物。在国际商务活动中，经营管理者的文化偏见必然导致企业的经营管理尤其是人力资源管理和市场营销等方面发生偏差，进而影响企业的经营绩效。

2．文化优越感

文化优越感，或称文化中心论，是阻碍跨文化意识形成的最重要的原因。受文化优越感毒害的人会自觉不自觉地将母语文化的风俗习惯、交际规则、思维方式和价值观念作为唯一的标准，衡量和判断世界一切文化的行为，与之一致者才是正确的，其他则都是错误的和不好的，都必须加以反对。文化优越感患者处处以自己的文化为中心，认为自己文化的行为标准必须是所有文化的标准。

文化中心论造成的恶果必然是对其他文化和其他社会的严重偏见，无法客观地认识和对待与自己不同的文化。文化中心论会使人们失去获取跨文化交际的意识与要求，一切以自我为中心。持这种态度的人认为只有自己的国家、自己的城市、自己的州或省和自己的民族才最为道德，自己国家的政治体制是唯一合理的，其他人只能了解“我”、认同“我”和适应“我”。

3．文化模式化

受文化模式化毒害的人本着固有的成见和先入为主的态度，事先设计好一种模式，将其硬套在其他文化头上，采用过于简化、过于概括，甚至加以夸大的手法将其他文化进行硬性分类，将别的文化的一切现象都强行塞进自己设计的模式之中。例如，文化模式化论者认为美国人都很富有、无拘无束、与人友善、讲究物质利益；意大利人感情丰富，情感外露；英国人保守、礼貌、勤奋，而且爱喝茶；德国人固执、勤劳、循规蹈矩，而且爱喝啤酒；远东人则含蓄、机敏、圆滑，而且难以捉摸。

三、大学英语跨文化教学中的对策

现阶段大学英语教学的现状与跨文化教育的效果远远不能适应改革开放的需

要。自从我国加入世界贸易组织后，国外文化大量涌入，面对传统与现代文化的继承与发扬，外来文化与本土文化的冲突与融合，有人提出了重视本土化文化、英语教学本土化的要求。所谓英语教学本土化，就是强调使用带有中国本土特色的英语表达，即将非母语文化的“中国”现象和内容置于英语的“形态”之中，从而将“中国因素”较为顺利地引入英语话语及国际文化对话中，使中国文化更好地走向世界。当代国际交往中，国际合作和交流已经深入政治、经济和文化的各个领域，任何国家既有吸入，也有输出。所以我们学习外语并不是单纯地学习外国，外国也要向我们学习。英语教学既要培养学生的国际意识和对异域文化的理解，也要注重培养其本土意识；使学生既成为外来文化的吸收者，又是本土文化价值的继承和传播者。英语教育中要强化汉语文化的教育，努力培养英语学生本土文化的意识，只有对本国优秀的传统文化有了充分的认识并不断深化优秀传统文化的修养，才能更好地理解他国文化，从而进一步拓展自己的跨文化心理空间，对文化等多元性展现出一种大度、相容并蓄的跨文化人格。要改进大学英语跨文化教育，具体可以从以下几方面入手。

（一）明确教学目标

2007年教育部颁布的《大学英语课程教学要求》提出：“大学英语的教学目标是培养学生的英语综合应用能力，特别是听说能力，使他们在今后的学习、工作和社会交往中能用英语有效地进行交际，同时增强其自主学习能力，提高综合文化素养，以适应我国社会发展和国际交流的需要。”新的教学目标变传授知识为发展能力，体现了当代教育变革的发展趋势，更有利于英语学习者的知识、素质、能力三者的结合。新教学目标的定位既考虑到国家对外改革开放的需要，也满足了跨文化教育的目标，即培养学生对外国文化习俗的兴趣，对文化差异的意识，增强对文化差异的理解和认识，初步形成跨文化意识，用尊重与包容的态度对待异文化。增强跨文化意识将有利于促进学生对英语学习的主动性和积极性，有利于激发学生了解世界、融入世界的冲动和欲望，这种热情必然增强学生对英语学习的兴趣、提高他们的学习效率。也正因为这样，我们教师率先要有增强世界文化意识的强烈愿望，主动了解中外文化的差异，拓展视野，使自己的英语教学充满文化韵味。英语教学跨文化教育的目标除了体现在跨文化意识的培养方面，还涉及跨文化知识的获得和能力的提高。所谓跨文化能力——也就是与异民族交往的行为能力，尤其是跨文化交往中，避免和消除跨文化冲突的能力。跨文化教育对教师业务水平和综合素质的要求较高，教师要与时俱进，更新教育观念，提高自身的文化素质，使自己成为教学者又是研究者，教学与研究并重。

1. 树立正确的教学理念

外语教学中跨文化教育的开展首先应注重观念更新，认识提升。目前，跨文化教育的相关思想在我国外语界仍是比较前沿的理念，国家教育行政部门作为教育相关政策的制定机构，对跨文化教育的理解和解读将直接影响到我国跨文化教育开展的效果。由此，教育行政部门的专家和领导应该借鉴、比较欧美国家的跨文化经验，从战略高度审视跨文化教育所具有的时代意义，明确其目标和内涵，确定符合我国国情的跨文化教育目标、原则和方法，为外语教学提供依据，明确方向。跨文化教学中，教师首先要更新自身的教育理念，要始终坚持“语言教学与文化教学有机结合”，从语言学习、语言意识、文化意识和文化经历相互联系的四方面同时入手，充分发挥母语文化在文化学习中的作用。其次，外语教师不能仅满足于做一个传授语言知识的“教书匠”，还应该努力成为一名“会通中西”的学者型教师。我国著名学者吴宓、钱钟书、叶公超等人之所以声名显赫、受人敬仰，不仅仅因为他们的外语水平高超，更重要的是，他们学贯中西，人格俊逸，文、史、哲无一不通，可谓传统意义上的大师级通才。除教师教学理念的更新，自身素质的提高外，外语教学中文化教学的理论框架作为重要的课题必须进一步明确，深入研究和探讨。

近年来，体验式英语教学作为一种全新的教学理念和教学模式越来越受到英语教学研究者的关注。基于体验式学习理论的体验式教学模式要求教师根据教学内容有目的地创设生动逼真的教学情境，使学生在较为真实的环境里有效获得所学内容，使其理论知识、应用知识得以扩展，技能、技巧得以提高。通过直接接触学习内容，学生能够亲自实践和体验，在自由独立、情知合一的情境下，培养实践创新的能力。体验式教学模式的核心就是体验直接经验。

建构主义理论是体验式英语教学理论的发展基础。建构主义把学习看作是一个建构的过程，该理论要求学习者在学习中要积极主动，发挥主体作用。建构主义强调学习者的中心地位，教师在整个学习过程中应该是学生意义建构的协助者、促进者，而不是知识的提供者和灌输者。建构主义从教学方法看多种多样，各有不同，但教学环节中含有情境创设和协作学习却是其共性所在，学习者不是简单被动地接收信息，而是基于情境创设和协作，最终主动地实现自身对所学知识的意义建构。与以往以教师为主导的知识传授式教学模式相比，体验式教学模式更加突出强调以学习者为中心，认为自主学习十分重要，它更贴近学习者“内化”的学习认知规律。真实语境的创建和模拟能够激发学生的学习积极性和参与体验的热情，使学生在真实语言的感受和体验中，发现语言的应用技巧和使用规则并应用于语言实践。这一理念反映了当代外语教学理论的新进展，既符合以往交际教学法的原则，又体现了“任务教学法”的特点。除此之外，体验式教学不受时空限制，多媒体网络教学资源为体验式学习创造了更丰富的体验。利用多媒体和网络，体验式教学增加了学习过程中的趣味性，学生的感官和思维受到刺激和激发，使学生积极主动，快乐学习、记忆语言文化知识。

文化不是一成不变的，不是一个静止的概念。文化是动态的，是随社会的变迁而变迁的。以往发生的事情会影响语言表达的涵义，语言的意义也会对未来事件产生影响，未来的经历又会影响具体的语言意义，这是一个周而复始的过程。在社会进步、发展的同时，世界各民族的思维方式、价值观念、生活方式、社会规范等各个方面也都在发生着重大变化。因此，外语教学过程中，教学的中心不应再是以教师为中心的知识的灌输， 而应是以学生为主体，加强学生的文化学习体验，培养学生自主学习、积累文化知识的能力，注重培养学生文化的敏感性，提高学生应对文化差异的主动性和自觉性。因此，要确保跨文化教学的理论研究形成体系，以全新的教学理念、清楚的教学思路促进课堂内外的跨文化教学，在各个方面采取措施，加深教师对外语教学中跨文化教学的认知，使其更好地投入文化教学之中。

2. 提高教师自身的素养

教师要想在英语教学中实施跨文化教育，发挥主导作用，使学生的能力得以发展和提高，教师本身必须具备较高的专业知识和专业技能。英语教师必须具备英语语音、词汇、语义、语用方面的知识，同时必须具备较高的外语听说读写的技能。要做到这一点，一要有强烈的学习意识，二要坚持不懈。另外大学英语教师应该充分利用身处高校这一有利学习条件，选择适当的专业，采取跟旁听或攻读第二学位的方法来充实和完善自己的知识结构，把自己培养成一专多能的复合型人才，以适应社会需要。按照加强跨文化教育的要求，英语教师要有较强的文化意识，还要更多地注重源语言文化背景知识和相关知识，使文化教学贯穿于长期的教学活动中，以培养学生了解世界和中西文化的差异，拓展视野。教师作为跨文化教育的沟通构造者，首先要更新自己的教育理念。外语教学要培养的不仅仅是具有特定文化能力的学习者，而更应当是具有跨文化能力的外语人才。外语教学传授给学习者的不仅仅是语言，还有世界观。正像拜拉姆所说的，由于语言必然要涉及语言使用者关于世界的感知与认识，只要是教语言，就不可避免地是在教该种语言本族语使用者的文化。归根结底，外语教学的重要目的不仅仅是习得外族文化，而是发展学生表达自己的观点及文化的交际能力。

英语教师应该认识到跨文化教育是一种理念，不同文化各有其特点，无所谓优劣；不同文化可以互补，贵在善于吸收和扬弃。英语教师要积累深厚的跨文化知识，形成较强的跨文化意识，提高跨文化理解的技巧，使跨文化教育的理念得到内化和深化。跨文化意识的培养要求教师提高自身的英文和中文文化修养，对文化差异的正确理解以及尊重不同文化的态度。同时对本国文化和其他国家的文化进行比较鉴别。教师要具备批判性、创造性思维。就我国的外语教学现状而言，现有的跨文化教育和跨文化交际能力模式都有一定的局限。高一虹认为要在“素质教育”的框架内进行文化教学，揭示了交际能力的培养在本质上就是人格的培养和人性的实现，即把语言教学和对人的全面教育直接联系起来。学习外语不仅仅是掌握一种工具，更不仅仅是学习一种技巧，而是转换一种思维方式和习惯。

所以，英语教师首先要明确英语教学教授的不仅仅是英语的躯壳，而应该是有灵魂的英语。从语言技能教学转向内容教学才是中国英语教学和跨文化教育的根本出路。思维才是语言学习的真正动力和自然机制。要培养学生英语创造性思维，教师首先就要改变格式化的思维定势。要有一定的批判意识和观点，能识别各种文化观，并在跨文化教育实践中不断对自己进行批判性反思。从而形成自己的客观的文化意识，能够在保持自身文化价值的基础上实现不同文化间的对话与合作。教师还要不断加强自身的母语文化修养，改进跨文化教育策略。教师应对自己的民族文化有深刻的了解，具有对民族本土文化的深刻的历史意识，夯实民族本土文化的功底。要学习、研究母语的文化，具备双重文化的理解能力。在外语教学中，切不可一味地关注目的语文化的学习，忽视母语文化的教学，忽略了它，就等于丧失了理解目的语文化的基础。

事实上，目的语及其文化传递的信息必须首先经由母语文化的“过滤”，只有通过与母语文化的比较，才能发现两种文化的共性与差异。同时，还应该以海纳百川的博大心胸认真学习和及时吸收来自其他国家和民族的文化营养，加深对其他国家和民族文化的理解，从而以多元文化的身份观察和研究多样性的文化，能够在不同文化的比较对比中发现各自的个性特征和优势，提高自己的跨文化能力。

3. 注重教师继续教育

跨文化教育的主角是教师，要培养和提高学生的跨文化交际能力，必须重视教师的作用。只有教师具备了较强的跨文化交际能力，才能在课堂上通过各种方法和途径实现跨文化教育的目的。以往教师教育中由于跨文化观的缺乏，致使培育出的教师对跨文化教育意识淡薄。因此，首先要明确继续教育的目标，即“以新的理论、新的知识、新的技术武装教师，使他们在继续教育中不断树立现代教育思想和观念，熟悉现代教育理论，拓展专业知识，了解学科前沿发展动态，掌握现代教学方法和技术，使教师实施素质教育的能力和水平得到明显的提高”。要更新观念，设置跨文化视野的课程。要将培养具有跨文化教育观的教师纳入培训目标。教师除具备扎实的教育专业素养与学科专门知识外，还应具备基本的文化人类学素养与跨文化教育的技能。不妨学学许多大学教育学院的做法，教师教育只有通过跨文化教育课程才算达到合格的标准。

(二) 加强教育引导

对学生跨文化教育应贯穿在英语教学的过程中，体现在文化内涵的传承上。要自觉地开发多种渠道、多种方式，将跨文化教育渗透到阅读、口语、语法、词汇的教学中。拓展文化教学的内涵和外延，将整个英语教学视为一种文化过程教学，将文化教育融入英语教学的各个环节和教学活动，学会以目的语文化的相关理念、思维方式等为参照，反思我国的传统观念和思维方式，改变一些落后的教育理念和方法，转变师生角色和课堂教学模式，从而使师生双方都能在学习英语的同时，拓展思维方式，对中西文化进行扬弃、整合，将静态的语言文化知识的学习转化为动态的文化素质建构。唯有如此，培养学生的文化意识才不会是一句空话。英语教学中的文化教学内容也不能局限于英语国家的文化。所谓“跨文化意识”是对特定文化的超越，其内涵非常丰富。它要求我们从整个世界的角度去认识问题和考虑问题，既包括对英语国家文化的敏感性，也包括对非英语国家文化的敏感性；既通过学习英语认识英语国家的文化，也是在以英语为媒介了解世界文化。

因而，我们的教师不但要帮助学生以开放的心态学习认识英语国家的文化，更要鼓励学生通过英语了解世界万象，培养国际意识和合理的跨文化心态。为此，教师在教学中应该给学生较多面对问题和独立解决问题的机会，更要重视对学生文化教育策略能力的培养。

1. 语言与文化有机融合于课堂教学中

课堂是跨文化教学的重要阵地，课堂实施是完成教学内容、实现教学目标的决定性环节，文化内涵发掘主要是针对语法、词汇、篇章等多个语言层面的文化探索。

(1) 增强语篇与语法的文化教学。语篇一般用来指文章、会话、面谈等比句子更大的语言单位，是使用中的语言。它是特定语境和社会文化中语言运用的产物，语篇的形成和样式反映了意义交流时的社会文化语境。口头篇章所涉及的交际风格和交际策略与文化密不可分，息息相关；而书面篇章则是通过篇章结构以及修辞风格来体现其文化内涵。语篇与文化有着密切的联系，不同文化的人所使用的、制造的语篇是不同的，不同的语篇也会建构不同的个人经验和社会现实。

Colone 等人认为，英汉语篇之间的差异主要源于两种语言分别倾向于采用演绎式和归纳式的话语模式。东西方人在修辞策略方面的差异与各自的文化价值取向有着密切的关系。只有从文化的角度来分析不同语言的语篇修辞模式，才能真正理清语篇与思维模式的关系。在进行语篇教学实践时，要尽力将文化教学融入其中，即把文化教学作为教学目的和教学内容中不可分割的一部分，突出其重要性；而在教学实践中可通过设计读前和读后任务以及相关文化的讨论和学习，将学习者的注意力吸引到具体的篇章内容上，既达到了语篇分析的目的，也能帮助深入挖掘东西方在思维模式、价值取向等方面的文化异同及其对于篇章结构产生的影响，利用教材中的丰富资源，不断完善学生的跨文化知识体系。除语篇之外，语法结构也与思维模式等文化内容有着不可分割的关系。语法同人们的思维模式息息相关，包含着丰富的文化内容，也是人们表达内心感情世界的一种手段。

不同民族的哲学思想塑造了各自不同的思维模式，不同的思维模式又造就了各具特色的语法形态，不同的语法形态特征又呈现出其特有的语言表达方式。各民族思维的方式、特征及风格一般都蕴含有丰富的民族文化底蕴。换句话说，一个民族的语法系统和语法使用规则常会受到其所属的语言群体的思维和文化特点的影响，带有一定的文化成分，因此不同语言组词造句的规则不尽相同。西方人的思维方式趋向于呈现由外向内的演绎思维，其特点是逻辑性实证能力较强。这种思维方式在句法方面表现为具有明显的词汇形态特征，便于保持句子成分之间的逻辑关系。与西方人不同，中国人趋向于呈现由内向外的归纳法思维，对整体把握和意念体悟十分关注，其特点是逻辑实证性较差，这种思维方式在句法上表现为没有明显的词汇形态特征，其逻辑关系的保持是靠意义的理解而非靠形态句子成分之间的标记，因此，汉语句子常使用流水句，且句子短小精悍。

因此，英语语法教学也不同于汉语语法教学，其重点主要为时态、语序、句子结构。在教学中，教师可以通过区分不同语言中的时态，对比语序方面的异同以及句子结构的差异来寻找不同语言的文化根源，如思维差异，实现语法教学与文化教学的结合。

(2) 加强词汇的文化教学。词汇是文化的重要载体，也是外语教学的主要内容之一。因此跨文化外语教学要充分利用学生对词汇学习的关注与兴趣，使词汇及其蕴含的文化意义的教学成为外语教学中跨文化教学的一个重要组成部分。词汇主要包括单词、词组、习语(成语)、谚语以及警句，它们标志着一个民族的语言、文化、习俗乃至整个社会的发展，并充分体现了其语言群体的思维模式、价值观念、文化环境、文明程度以及生活习惯。

由于词汇在不同时代、不同社会和地理环境中使用时会产生不同的差异，因此词汇必须呈现在文化语境中，由此才能确保学生所学到的不是词汇孤立的字面意义，从而不知如何使用这些词汇，他们学到的应该是活的词汇意义系统，在不同的语言环境中，学生都能够恰当准确地使用他们所学过的词汇。每个语言体系中的词汇都承载着大量的文化信息，丰富而多元化，而每个词汇都蕴含着深厚的文化内涵，富于变化，是任何词典与书籍都无法穷尽的，不仅如此，不同语言中的词汇还体现了说话者不同的价值观念。正因为每个语言系统的词汇以及词汇的运用都与其民族文化紧密相关，带有浓厚的文化背景，所以，教师在进行词汇教学中除了注重词汇的意义和用法外，还应该拓展该词汇的文化意义，如词语来源、使用语境以及使用该词汇的注意事项。把词汇的文化渊源、历史因素、社会内涵融入词汇教学中是实现词汇与文化教学相结合的重要途径。

(3) 加强听说教学过程的文化教学。听说教学是语言教学的一个重要部分，也是学生最为感兴趣的一部分，因为，听说活动可以让学生产生参与感，并有机会切实感受跨文化交际过程，使学生感知不同的文化差异并提高交际能力。但是，需要注意的是，听与说都要建立在实际内容的基础之上，也就是说，认真选择、合理安排听说内容至关重要。在文化教学中教师必须确保听说内容的真实性以及实用性，即听、说的主题是来自于真实的生活，听、说的材料具有一定的意义，并能够反映出本族文化和目的文化的不同侧面。因此，编写听说教材时不仅要考虑学习者的语言水平和学习需求，还要密切注意相关文化内容编排的一致性和系统性。在安排教学材料和教学内容时，要注意使文化教学的需要与语言教学的需要有机结合，使学习者在系统地学习语言知识的同时，也扩展了其他文化知识，增强了文化交际能力。即使教材的编者有时会受到时间和篇幅的限制，很难做到将目的文化的某一侧面细致全面地展现给学习者，也要注意提醒教师和学习者在教学和学习过程中对文化变体以及个体差异给予足够的注意，避免由于以偏概全或者过度概括而引起的偏见。

教师要注意利用课堂内外听说活动，将非语言交际技巧、交际策略融入学生语言交际能力培养的过程中，利用文字、图片、音频相结合的方式来刺激学习者的感官和感受能力，使他们有一种身临其境的感受。此外，多媒体教学也是进行跨文化听说教学的一个重要手段。同时通过将各种跨文化交际情景真实地展现给学习者，促进了学习者跨文化交际能力的培养，为在外语教学中进行文化教学开辟了新的途径，并特别有利于从情感和行为层面上培养学生的跨文化交际能力。

(4) 加强写作教学中的文化教学。外语学习中，写作教学与阅读教学和听说教学齐头并进，贯穿于教学的始终。尽管写的体裁不尽相同，决定了其写作内容和写作要求各有不同，但文化教学仍然可以与写作教学有机地结合在外语学习的各个阶段。写作不仅体现了作者的个人经历、生活经验，更能呈现作者的思想价值观念，也就是说能够反映作者所身处的文化环境，因此常被看作是讨论和学习日常生活风俗习惯和价值观念等文化内容的理想的基石。教师可对比同一主题下学生的作文与西方人的文章，引导学生思考，发现思维方式的异同，也可以指引学生寻找修辞风格的差异，如修辞格、引用方式、论证方式及谚语、俚语的使用，并进一步探索不同语言的深层文化根源。与背景知识导入相似，这部分教学也是以教师的讲授为主来增加学生的知识积累和提高跨文化意识。在阅读与写作教学过程中贯穿跨文化思维能力的训练，让学生通过了解东西方思维方式的异同，体会跨文化交际实践中形成跨文化思维的重要意义。

2．创设课外文化学习环境，培养学生自主学习的能力

自主学习要求学习者根据自己的实际情况确定自己的学习目标、制订学习计划、科学地评估自己的学习结果，是体现学习者对自己的学习主动负责的过程。

自主学习强调的是学习者的学习能力而不是学习过程。大学里学生要明确自己的主体地位，教师起的只是指导辅助的作用。在课堂上教师只是进行指导式的讲解，学生只有通过大量实践才能掌握技能。所以，自主学习在学好大学英语中扮演着一个很重要的角色。学生要以语言规则的认知、操作和掌握为基础，努力培养自我创新的意识和能力，通过发掘和运用自身原有语言认知能力，提高对自身知识水平和学习风格的认识水平，逐步学会掌控个人的学习过程，学会选择学习方式和评估学习结果，最终克服英语学习中的畏难情绪，帮助自己建构个性化的、卓有成效的英语语言学习体系。

教师在课堂上所讲述的内容肯定不可能满足各类学生的要求，那么“第二课堂”的开辟就是很有必要的。它要求学生根据自身的特点利用时间来安排个性化的学习计划及学习进度。教师要以学生为中心，根据学生的个性进行培养，在传授语言知识与技能的基础上，重点培养学生的语言交际能力和自主学习能力。总之，“第二课堂”作为课外学习的主体，是对第一课堂的完善和补充，有利于拓宽学生的知识面，调动学生的学习积极性和创造性，实现学生综合素质的全面提高，有助于学生跨文化交际意识与跨文化交际能力的培养。

（三）科学选择教材

教材选材时，既要考虑提高跨文化交际能力所能涉及的各个方面，又要注意设计形式多样的练习，对学生在纷繁复杂的跨文化语境中进行交际所需要的各种技能加以训练。如从跨文化知识的导入入手，解释语言表达中的文化内涵，扩大与文化有关的知识面；通过案例分析与点评，提高学生的全球意识与跨文化敏感度；通过情景模拟、角色扮演等让学生接触各种跨文化语境中的跨文化冲突，以培养学生观察与分析跨文化问题的能力；最后进入培养学生观察跨文化生活或工作环境中的文化问题，如各媒体所报道的新闻，或通过各种调查，或在实习中观察跨文化语境等。这些方法都是提高学生实际能力的关键要素与途径。如果教师在课堂中忽视这一教学环节，那就不可能真正提高学生的跨文化交际能力，或只能提高学生的跨文化意识或跨文化敏感度。外语教学只有进入到在现实语境中培养学生跨文化交际能力的阶段，学生的知识积累和跨文化意识才能得以应用与体现，也才能将知识转换成跨文化交际能力。要使英语教材内容更适应跨文化教育的需要，可以从以下几方面考虑。

1. 追求语言材料的真实性

现代外语教材的一个重要特征就是“求真”。它反映在目标选材和练习的各个方面，都把学生和教师作为真实的交际对象，运用多种真实的任务来进行外语教学才能使教学交际化。真实的交际要求教材以人为本，把学生当作有思想、有情感、有社会性、有文化性和有创造性的人。通过语言学习增加对社会的了解和认识的渠道。语言材料的真实性指从实际交际活动(口头和书面)中选取的材料，而并非编教材的人自己撰写的。其中许多部分涉及场合、身份、相互关系等社会因素，因而它还包括跨文化的真实性，即真实反映社会环境、人文思想、地理历史、思维方式等多层面，促进不同文化相互理解和交流。教材要重实践练习，不以语法为中心，而是围绕题材、目的或语言概念以及语言信息和语用功能来编著。将时代特点和真实性、语言知识学习与信息的传授结合起来。可适量增加关于国际政论和时评性的文章，帮助学生在获得当代经济和文化知识的同时，进一步了解当代政治，为将来融入国际社会奠定基础。跨文化的教材编写队伍应包括社会学家、人类学家、语言学家等，经仔细选材，按主题分类的跨文化教材既具综合性，又具科学性。有利于鼓励学生以一种开放的胸襟积极体验外国文化，通过分析比较，在两种文化间建立联系，以批判的态度审视外国文化，又能深入思考本国文化如何被目的语文化所理解。语言教学的目的是实现跨文化中的思想交流与情感传递。因此保留语言的真实性能够确保在真正意义上实现大学英语课堂教学成为连接学校教育和社会的桥梁目标。

2. 体现文化内容与语言内容的自然融合

大学英语跨文化教学教材内容的编排应以文化主题为单位，在每一个部分中都重点突出文化，突出语言，在文化的潜移默化中，让学生更好、灵活、牢固地掌握语言的使用。正如张红玲所说，“语言内容和文化内容有机地结合，是跨文化交际外语教学的核心思想。语言和文化同为教学的目的和手段，两者不可分割。”在教材中，系统的文化主题构成教材的主线，而语言教学的内容实际上与这些文化内容融合一体。教材要充分考虑学生学习外语的需求、语言环境、知识结构和层次等多方面因素，蕴涵社会习俗、历史宗教，特别是价值观等方面内容，介绍西方不同国家的文化元素和中国传统文化，融入中西文化对比研究，让学生学会如何对待差异。

教材要有助于培养学生的批判性思维技能。要求学生以一种审视的眼光与批判的思维方式，看待目标语国家事务，体验与本国文化不同之处。培养学生如何进行有效文化沟通。教材包含和传授的内容要充满积极的、使人奋发向上的精神，要将人类优秀的文化、高尚的思想道德通过语言潜移默化地传授给学生，要对学生世界观和价值观的形成产生深远的影响。

3. 深化对母语文化的理解

在全球语境下，广泛的社会交流使文化教学成了外语教学的重要目标。然而，外语教学的任务很难单靠外语课完成。不能因强调尊重目的语国家的文化传统，就忽视了本民族具有特色的文化传统。实际上，英语在不断扩大影响的同时，各民族文化也是在不断与之抗衡，进而造成两者的相互影响和交融。可以说任何国家的外语教学中文化教学的内容都是两国文化的交汇及矛盾之处。跨文化教育给我们审视本国文化提供了良好的机会，所以在选择教材内容时要充分利用跨词汇、短语、句子以及成语和典故。总之，目的就是努力培养英语学习者母语文化的自我意识，以促进学生对本国文化的反省。

4. 内容安排应循序渐进且多面化

文化的复杂性、动态性和多层次性决定了文化教学内容的安排不能只是古板的说教或是传授过知识后，就一劳永逸。以文化为主题编写的教材须是有渐进性的，可操作性的，能弹性循环进行教学。唯有这样，学生对文化的体验与认识才能不断地理解和深化。教材内容的呈现要按照由浅入深、由表及里、从已知到未知、从具体到抽象的序列进行安排，课程内容在不同阶段上重复出现，范围逐渐扩大，程度不断加深。跨文化学科的教材要具备系统性、一致性、层次性、前沿性以及时效性的特点，注重与时俱进，编排体系既体现西方国家的人文精神，又映射出国内对人才需求理念所发生的重大转变，既注重人文关怀，又要满足人文素质培养的现实需求。

（四）改进教学方法

教学方法的改革是跨文化教育实践所要涉及的另一个重要问题。跨文化的研究结果表明，不同文化背景下学生的认知能力、理解能力、逻辑判断与逻辑思维能力等方面均有明显差异，因此，教学方式和策略也应该因学生的不同而不同。以跨文化教育为目的的教师应拓宽思路和视野，把不同的外语教学方法应用到英语课堂教学中去，以学生为中心，从学生的智力发展特点出发，使教学方式与学生的认知结构及生活经验相结合，更好地实施有效的跨文化教育。

1. 改变传统认知派教学法

中国学生一般习惯于外语认知派教学法，其共同特点是重视语言知识的传授；利用学生的本族语；重视发展学生内在的智能；激励学生积极思维。无论是语法翻译法、自觉对比法或认知法都有较好的效果。在教学过程中，可以采用认知法传授知识，并结合具体情况以语法翻译法和自觉对比法为辅助。认知法重在理解和领悟，可以发展学生的智力，有利于激发学生的积极思维，掌握科学的学习方法。语法翻译法和自觉对比法则能加强学生的逻辑思维能力，并使学生借助母语加深理解。

2. 引入联结派教学法

联结派教学法是以经验主义的哲学观点为基础；重视外语话语与实物、观念、概念等外部世界和思维的直接联系；侧重口头操练；强调反复模仿，大胆尝试，从习惯到自然地掌握外语。联结派教学法又可分交际法、直接法、听说法、视听法等学派。外语教学法中不存在适用于各种情况的固定教学法，应合理地综合运用认知派和联结派的各种方法，总体来说，随着学生水平的提高，语法翻译法应逐步减少，交际法应逐步增多。教师要了解学生的兴趣和目的，深入研究各种教学法，适应地择优选用。要沿着继承、引进、创造的路子，博采众长，灵活运用。

3．采用整体语言教学法

虽然整体语言教学法最早出现在美国，实际上我国外语教师在教学实践中逐渐形成的一些教学法与整体语言教学法理论的观点在许多方面不谋而合。整体语言教学法是“自上而下”的语言教学法，该教学法提出：应将语言作为一个整体，而不是孤立、零散的部分学习。它试图在真实的上下文情景中教授或学习语言，提出语言的功能是建构意义，语言学习的目的是为满足学习者在现实生活中的真实需要，进行有意义的人际交流，而不是为学习语言而学习语言。小组练习是整体语言教学的一个重要手段。课堂上学生参加小组讨论，并相互交流阅读体会。整体语言教学以内容为中心，主题单元是教学安排上的一个显著特点。这种教学方法有利于学生围绕某个跨文化的主题进行阅读、写作、讨论；教师采用讲座调查、参观访问等多种方式激发学生的求知欲，使学生从多层次、多角度认识某一跨文化问题。整体教学以学生为中心，通过建立图书角、墙报、学习小组等形式，营造轻松、愉快的学习环境和积极的学习气氛，启发学生将所读的内容同自己的经历和现实生活相联系，讨论文章中涉及的伦理道德、价值观念，从而扩开视野，了解与自己的生活习惯、思维定势全然不同的他种文化。

我国外语教学以往一般以语法、语言点为重点，很少强调在语篇层次上的建构意义。阅读往往停留在句子甚至是短语层次上，不知道作者的思路、观点是什么，赞成什么或反对什么。整体语言教学法在阅读教学方面则是综合读者已有的知识建构语篇的意义。笔者认为我国大学英语跨文化教育应借鉴整体语言教学的理念，重视语言的整体性，体会作者的写作思路、文化观，加强语篇水平的训练，提高理解文章文化意义的能力。

4．引导学生采用研究性学习方式

20 世纪 90 年代起，我国英语教学界在学生学习网格、策略和个人因素方面展开了一系列的研究，有关研究性学习的实践随着整个教育体制改革的进程，得到了切实的贯彻。研究性学习改变学生以往单纯地接受教师传授知识为主的学习方式，为学生构建开放的学习环境，提供多渠道获取知识并将其运用于实践的机会。在英语教学中，教师通过提供信息，启发思路，补充知识，介绍方法和线索，引导学生质疑、探索和创新。学生通过自身的相互合作和研究，通过发现本民族文化中的优秀成分，欣赏目的语文化的过程，形成理解异民族文化的能力，从而对不同文化进行比较、批判，进而形成批判性思维。

当前世界范围内较为流行的研究性学习模式共有九种，即开放课堂学习模式、框架下的发现学习模式、以兴趣为导向的探究性学习模式、以问题解决为导向的学习模式、项目研究模式、角色扮演模式、小组合作学习模式、习明纳课程模式和服务学习模式。英语课堂上要结合具体情况使用不同的研究性学习模式来实施跨文化教育。目前国际上有人把研究性学习看作是一门课程。作为课程的研究性学习强调通过研究性课程使学生掌握研究方法。无论是将其视为方法还是课程，其实质都是强调学生的独立性和主动性。强调通过个人探索和个人研究的过程发现问题和解决问题，并由此培养一种问题意识。

研究性学习又被看作为一种学习和教学方法。研究性学习强调学生通过自我探索、自我发现和自我研究的过程，培养学生的自主性、独立性和学习积极性。在研究性学习过程中，学生始终处于主体地位，既学到了知识，又锻炼了直觉思维能力和创造思维能力，学会了分享与合作，塑造了自信与自尊。研究性学习的开放性、研究性和实践性的特点，要求大学英语课堂的教师改变教育观念、教学内容，变革以往的教学模式和教学行为。在师生探索新知的过程中，师生围绕要解决的问题共同完成内容的确定、方法的选择。学生在教师的指导下，确定研究的课题；改被动地记忆为敏锐地发现问题，主动地获取知识解决问题，获得解决问题的能力。英语教师在教学中应充分利用研究性学习对学生进行跨文化教育，有意识地开展一些英美文化背景知识方面的讨论活动，指导学生收集资料，然后就材料的内容进行扩展性介绍和讨论，再与汉语相应的文化内容作对比分析。对每个与英语文化有关的主题的发现、调查、探索和研究分析，有利于学生体验和感受英语国家的文化，排除民族文化差异的偏见，培养尊重他人的民族习惯，从而透视各种文化的异同点、独特性及其价值观，培养学生的探究精神和文化理解力，增强学生的文化敏感性，培养他们的跨文化意识。

总之，任何教学方法的形成都有其社会文化根源，各有所长，可以说每一种教学方法都认识到外语教学的某些方面，教师应该考虑到所处的文化环境，为适应社会需要取其精华，为我所用。不应把自己局限于某一固定的模式内。要根据各自的教学目的，考虑现有的条件和可以创造的条件，取长补短，走折中之路。在课程组织中，既应注意教师作为教学活动组织和参与者的责任，又要充分调动学生的积极性，根据学生的特点，了解其学习目的和兴趣，采用与之相适应的教学法，只要围绕着跨文化教育这一目标，广泛深入地研究各种教学法，博采众长，得到师生的充分理解和积极配合，就能产生良好的效果。

（五）加强文化测试

在大学英语的各项测试中，加强西方文化测试，以提高大学生的英语文化水平，正确评估教学效果，不断提高大学英语跨文化教学的教学质量，推动我国大学英语教学改革不断创新。在大学英语的教学评估中，建立完善的评估体系，将文化评估作为重要组成部分，以提高大学生对中西文化的熟知度，从而在文化知识、交际能力和情感交流等方面，增强大学生的英语学习兴趣，有利于随时检测大学生的英语学习情况，对于促进大学生综合素质能力全面发展具有重要作用。例如，将跨文化教学测试和语言测试结合在一起，根据不同阶段的英语学习特点，制定合理的评估标准，使跨文化教学测试向着正规化发展，以促进大学英语跨文化教学有效性不断提高。

大学英语跨文化教学在当今全球政治经济一体化的大背景下，显得越来越重要。一方面，它将为我国与世界其他国家的政治经济等方面的往来提供复合型人才，培养适合当下激烈竞争的外语人才；另一方面，它也将为中国的文化走向世界提供桥梁。通过跨文化教学，学生的跨文化意识一定会有所提高，中国文化的英语表达能力以及文化创造能力都将有所提高，这种能力的提升，必将促进中国文化在全世界范围内的进一步传播与发展。

第四节　大学英语教学中文化意识的培养

“大学英语的教学目标是培养学生的英语综合应用能力……同时增强其自主学习能力，提高综合文化素养，以适应我国社会发展和国际交流的需要。”由此可见，大学英语教学的目的就是通过语言的学习，使学生培养并具备一种新的文化意识，能够在了解别的文化的基础上，比较鉴赏不同的文化，进而培养全面的文化观，提升全面综合素质。通过语言学习掌握学习策略，进而培养良好的学习习惯、方法和技能，提高整体的学习效率，这也正是通识教育的主要目的。

文化意识培养是语言教学中不可分割的重要部分，英语教师在语言教学中要适时适度地将文化意识的培养与语言教学结合起来。我们的外语教学，要从纯语言技能教学转向内容教学，在课堂教学实践中，要从文化理解和语言感知能力方面着手，创设以学生为主体的激发学生创造性思维的融治氛围，运用多种教学手段，通过科学性的开放型的教学大纲设计和教学实践来培养和提高学生的思维能力，最后获得一定的语言交流能力，从真正意义上把学生培养成为有思想的，有一定鉴赏能力的文化传承者和宣传者。

然而，大学英语教学中文化意识怎样培养呢？那就是要在教学实践过程中，得到相关部门的支持，从主客观上去培养大学英语教学中文化意识。

一、对教育主管部门的建议

（一）加大教师培训的力度

有关资料显示，很多教师承认自身的跨文化知识储备不足，不系统，并且不能及时得到更新，造成在进行文化教学时难以准确把握，因此在教师职后教育中加大文化培训的力度是十分必要的。教师进修学校是我国教师教育体系中的重要环节，是我国师范教育的重要组成部分和教师职后教育的重要阵地，在教师的培养和培训中发挥着重要作用，但目前在各类培训活动中，学习教育理论往往被放在第一位，文化知识等专业知识的培训相对缺乏。

每个地区的教育管理部门是教师进修学校的直接领导，以下几个方面发挥好教师进修学校的教育培训作用，加大培训的力度。首先应定期在各个中学选拔擅长文化教学的优秀英语教师，为他们提供机会，以进修学校为平台，在开展先进教育教学理论学习的同时，开展如“如何更好地进行英语文化教学”的专题讲座，起到以点带面的作用。其次，应该针对城乡差距，面向相对落后的乡镇中学教师提供专门的语音、语调和口语表达能力和现代教育技术等培训内容，让乡镇教师更多地接触文化教学的新信息的同时也提升了他们的语言和文化的专业素质，以缩小与城市教师的差距。最后，以由教师进修学校牵头，在城乡中学间通过示范课、研讨课、讲座等形式，开展短期或长期的互助互动型定期交流活动，也可以由教育主管部门提供机会让城乡英语教师出去学习或者引进英语国家的教师和专家资源，开展国际的交流与合作，让教师更深入的了解英语国家的文化背景知识，开阔视野，也可以提高英语教师的语言水平和教学水平。

（二）加大物质资源的投入

物质资源的配备在一定程度上制约着学校教育水平的发展，自然包括对英语教学中跨文化意识培养的制约。我们常常从硬件和软件两方面来衡量一所学校的资源配备。硬件资源主要指教学设施与设备，软件资源主要指教育信息与资料等。

因此，建议教育主管部门首先要在学校基础设施建设方面加大投入力度，完善教育信息网、校园网等不同层次的数字化信息平台的建设，促进各中学实现校际间的教育资源共享。其次，在进行资源配置时尽量向乡镇中学等相对落后的地区倾斜，除必备的课本外，尽量为各中学配足配齐练习册、挂图、书籍、光盘等跨文化意识培养所需的课程资源，同时积极开发和利用和报纸杂志等其他资源媒介，为形式多样的、内容丰富的文化教学活动奠定物质基础。

二、对学校的要求

学习任何一种语言，语境是十分重要的。语言习得理论和教学实践证明：“置身于语言环境是学习语言的最佳途径。”非英语语言国家的学生学习英语，尤其是中国学生缺乏英语语言环境，接触地道英语的机会很少，除了在英语课堂上使用和接触英语，几乎就没有时间和英语打交道，对英语文化知识知道得更少，更加没有机会亲自到英美国家去感受他们的文化氛围。英语学习需要真实自然的语言环境。因此，学校和教师要努力创造英语文化氛围与环境，营造英语文化气氛，让学生能置身于真实的语言环境中使用英语，学习英语，不仅学习英语文化知识，更要培养跨文化意识。初中生学习英语的过程不可避免地要受到教室学习环境、学校教育环境，乃至社会文化环境的影响，这三层环境的关系由小到大，由具体到抽象又层层包围的。

（一）搞好校园英语文化氛围的建设

每个学校都有面向全校师生的公共宣传栏。这种宣传栏通常版面较大，位置醒目，学生每天都有机会到宣传栏阅读，在学校的宣传活动中起着不可替代的作用。因此，学校可以充分利用宣传栏开辟专门的英语学习园地或者专门建设英语文化长廊，如介绍一些需要时间进行记忆的习惯用语和名言名句或英语美文，或利用这些展板定期进行英语文化宣传，鼓励学生主动关心国内外大事。这对于强化学生对知识的记忆和巩固，培养他们的世界意识都是非常有利的。

利用校园广播指导学生进行英语晨读也是创设英语文化氛围的有效方法。每天滚动播出的英语节目相对于橱窗、宣传栏等静态媒体而言具有立体动态的优势，对学生的语音、语调、语感的培养能起到润物细无声的作用。

另外，从社会语言学的角度来看，语言是受社会的影响和制约的，是社会的产物。语言的形成和变化过程与客观世界、社会实践有密切的联系，而且随着社会以及人们认识的发展而发展。因此，从学校角度来说，自然也应当结合社会文化环境的理论对来丰富培养学生跨文化意识的内容与渠道。如给学生创造机会，带领他们走出校园，积极参加口语大赛等英语文化活动等，增加锻炼的机会，学生在活动中得到提高了水平，丰富了知识，同时对学习英语也能保持长久的兴趣。

（二）引进外籍教师

在参试的三所学校中，老师和学生的跨文化意识测试结果最高的一所学校与其他两所学校的一个显著不同之处是该校长期聘请有正规资质的外籍教师参与日常的外语教学，其他两所学校则一直没有外籍教师。可见，引进外籍教师对培养学生的跨文化意识有非常积极的重要作用。外籍教师自身无可比拟的文化优势决定了他们可以从不同角度与不同侧面对学生的跨文化意识进行潜移默化的渗透与培养。来自英美等国的外籍教师每个人都是 nativespeaker，在语言教学和跨文化知识的传授方面具有不可替代的优势。

外籍教师本是异国文化的承载者和传播者，他们的参与可以将活生生的语言与文化带给学生，让他们直观地感受真正的英语，与此同时学生在与外教交往中，可以深切感受中西文化的差异，能身临其境地体会外来文化的细微之处，学生的书本知识与真实生活语言之间的距离得到缩小。

大多数外籍教师幽默风趣、善于表演、个性张扬，与中国教师含蓄持重的传统形象有很大差异。他们的教学方法新颖活泼，课堂气氛融洽和谐，并且非常注重学生自己的独到见解与个人潜力的发挥，尤其是在激发学生学习兴趣方面，外籍教师的很多做法值得好好学习。但外籍教师在中国的英语教学中也存在着一些问题，有些外教上课非常随意；没有固定的教材和教学计划，教学目标不明确，授课缺乏系统性，外籍教师普遍认为目前我国所使用的教材内容滞后，形式单一，往往他们自己会随意选编教学内容。有些外教对我国的常规教学管理细则考试须知、课堂管理须知、课外辅导、相互交流活动不知或知之甚少，经常会产生不必要的麻烦。另外，对于外教口语课的考试成绩缺乏统一的检测标准。鉴于切实存在的种种不足之处，笔者认为应从以下几个方面严格对外籍教师的管理。

1．严格审核外籍教师的专业教师资格

教师资格认证制度是国外通行的师资检测手段。和在中国一样，在国外要想从事教师职业的前提是拿到教师资格证书。在美国，“教师以专业人员的身份出现，教师资格证书得到州教育部门承认，获得教师资格证书，是申请公立学校教师职位的必要前提，美国各州政府根据需要，在各州相关法律中自行规定教师资格证书的认证要求”，不仅美国各州政府建立了完备的教师资格认证法律，英国、澳大利亚等国作为世界上教育最先进的国家之一，他们对教师的学历要求更高，

对教师的资格认证更加严格，这些国家均已建立了一套相对完善和有效的教师资格认证制度。严把外籍教师的资格审核关是保证外籍教师教学质量的必要一步。

2．充分发挥外籍教师的文化传播作用

除了鼓励学生在课堂上大胆与外教交流，直接地感受文化的差异，增强跨文化意识外，还应鼓励学生积极参与由外籍教师组织的英语角、文化讲座、英语短剧、小品编演等第二课堂活动，实现课内课外一体化教学。这类课外活动的主题要涉及文化、教育、时事、旅游等各类学生感兴趣的话题，必要时可安排一个中国英语教师协助进行组织工作。

3．将外籍教师纳入中国学校的管理体制并界定其工作职责与范围

为了避免外籍教师教学中的随意性问题，确保教学活动有良好的效果，学校应要求每位外籍教师在开学前准备一份教学目的明确、内容清晰的课程教学纲要。外籍教师如不适用原教材，应向学校教学管理部门提交一份自选材料的复印件。同时外籍教师还应在开学之初的集体备课会上陈述本学期的教学目标、方式、材料以及课程作业形式和期末的考核标准。学校应要求外籍教师准时参加本校的教研活动并积极参与讨论。每位外籍教师都应严格遵守学校的上课时间，做到不迟到，不早退。同时本校英语教师还应欢迎外籍教师不定期参加自己的英语课堂听课活动，并随后提出自己的宝贵意见。外籍教师担任的课程至少在期末需要有规范的检测以及客观成绩上交学校教学管理部门存档。

只有在井然有序的教学环境中，外籍教师与中国教师尽最大努力发挥多元化的团队协作精神，共同去克服文化差异带来的摩擦，加强彼此之间的交流互动，为培养学生的国际化视野，学会与不同国度、不同文化的人士交流与合作，搭建相互交流和理解的平台，从而提高学生的跨文化意识。

三、对英语教师的要求

（一）挖掘教材的文化内涵

在学校里，在课堂上，学生的学习始终在教师的引领下围绕着课本展开，课

本中蕴含着丰富的英语文化知识，因此挖掘并善用教材中丰富的文化内涵是十分必要的。在教学过程中，如果只是照本宣科的仅仅关注对语言知识的传授与训练，而忽视跨文化意识的培养，势必会造成英语“学”与“用”的脱节。相反，如果合理地加以利用挖掘，将文化知识与语言知识有机融合为一个整体，无疑将大大提升学生的跨文化意识。

因此，教师应根据教学的实际和教学的目标要求，通过开设相关的文化专题和各种符合学生兴趣的活动，利用丰富的教学手段对文化教学的内容进行必要的补充。

（二）组织不同形式的文化活动

《课标》中明确要求学校和教师要“组织生动活泼的课外活动，促进学生的英语学习。应根据学生的年龄特点和兴趣爱好，积极开展各种课外活动有助于学生增长知识、开阔视野、发展智力和个性、展现才能。教师应有计划地组织内容丰富、形式多样的英语课外活动，如朗诵、唱歌、讲故事、演讲、表演、英语角、英语墙报、主题班会和展览等。教师要善于诱导，保护学生的好奇心，培养他们的自主性和创新意识。”英语文化活动的举办从时间上看可以按照日历的先后顺序介绍西方的节日，辅以东方节日的对比；从空间上可以分为课内活动和课外活动；从形式上分则有英语角、辩论赛，演讲朗诵等。

英语课堂中有限的时间对于语言的学习和文化知识的渗透是远远不够的。因此，教师还应利用课后时间，组织丰富多彩的课外活动，如英语辩论、演讲或朗诵。同时鼓励学生有意识的主动收集有关英语文化知识的资料，学会自主积累文化知识。这些不仅可以使学生在丰富的英语学习环境中积累知识，较直观地了解不同的文化、风俗习惯、审美标准以及外国艺术、雕刻、建筑风格和风土人情，还能使学生体验自主学习的快乐，获得成就感，进一步增强对英语的兴趣。

（三）创设具有文化气息的学习氛围

教室是学生学习的主要阵地，虽然空间有限，却是学生在校生活时间最久的地方。具有浓郁文化气息的教室学习环境无疑能潜移默化的浸润学生的意识，熏陶他们的心灵。因此，教师可以充分合理的利用教室的墙壁和黑板报等位置，通过张贴美国或者英国地图，开辟英语角等不同方式，让学生对这些国家有一个形象的认识，并能感受外国人的思维方式，学生在潜移默化中，受到西方文化熏陶。同时，布置教室的活动也是充分发挥学生主动性和创造性的过程。教师可以鼓励学生自己动手来创设教室环境。如根据圣诞节、感恩节、万圣节等不同的活动主题让学生自行设计编辑制作英语手抄报并进行展览。他们还可以自己寻找、选择并制作感兴趣的英语作品。毫无疑问，对丰富多彩的英语文化知识的深入了解能够增强学生对英语的学习。

另外，目前小组式的合作学习很受教师和学生的欢迎 s 合作学习是“一种以学生为中心，以小组为形式，为了共同的学习目标而共同学习、相互促进、共同提高的学习方式。”合作交流的过程是学生运用语言知识和文化知识传递信息的过程。向英美国家借鉴人性化的课桌摆放方式，可以促进学生在共同合作交流中提高跨文化意识。

四、大学英语教学中文化意识培养的方法

在全球经济日益全球化的背景下，在新的教学手段和教学方法不断涌现的今天，英语教师应尽快适应新形势发展的需要，积极调整教学思路，拓宽视野，提高自身文化修养，以学生为中心和主体，使教学方式与学生的认知结构及生活经验相结合，实施有效的跨文化教育。当然，文化教学的方法多种多样，教师可以根据自身的教学情况，采用灵活多变的方法来提高学生的对文化的敏感性，培养他们的跨文化交际能力。

（一）结合教材导入文化背景知识

教师在平时的英语课堂中应该结合教学内容介绍相关的文化背景知识，把语言教学和文化教学有机地糅合在一起。学生学习英语的时间主要在课堂上，平时很少接触该语言环境，遇到与课文相关的文化背景知识时，往往会感到费解，有时甚至会错误地认为外国人的思维方式和行为方式完全与我们的相同。在这种情况下，教师要发挥其主导作用，直接给学生介绍文化背景知识，教师须在备课时

精选一些典型内容与教学相关的文化信息材料，将它们恰到好处地运用到课堂上。教师在授课过程中，应就教材所涉及的文化背景知识，具有文化内涵的词汇、该语、成语等进行解说和介绍。这样不仅可以活跃课堂气氛，调动学生的学习积极性，激发学生的求知欲和学习兴趣，同时可以帮助学生更加深入地掌握文章主题，加深学习内容的深度和广度。结合课堂教学展开的文化教育，使学生获得的不仅仅是语言知识和言语能力，而且还使他们由文化表层深入了解深层结构，形成跨文化交际的敏感性。

（二）加强文化知识在课堂教学中的渗透

改变传统的课堂教学模式，将文化知识融入课堂。传统的教学模式是以单元教学为主题，强调语音语调准确，词汇量大，侧重词汇的搭配和使用，应试能力强，侧重词汇的搭配和使用，往往忽略了文化因素。在课堂上，老师是教学的主体，学生除了在课上听课，就是课下做大量的练习题。以这样的方式培养出来的学生一般基础扎实，能熟练掌握单词的用法，可以用英语写作。但由于不了解异国的文化，这样的学生无法正确理解和运用外语，无法进行得体的交流。所以教师应改变课堂教学模式，在课堂教学中应加强文化知识的渗透，培养学生的文化意识。

（三）充分利用现代化教学手段

21 世纪，社会对英语人才在知识结构、创新意识和综合能力等方面提出了更高层次的要求，要更好地适应社会对大学生知识和能力的要求，现代化的教学手段和方法是必不可少的，它是使受教育者在短期内获得知识和能力的有效途径。

1. 电脑网络教学模式

随着电脑网络的发展，电脑辅助语言教学得到了进一步的应用。在因特网上，可以通过下面这些方法辅助我们教学英语。比如查看英语教学网页；有些网页提供了各方面大量的英语教学信息和资料。通过电子布告栏系统探讨英语教学；在网上交笔友，通过电子邮件进行交流沟通。

在网络上学生还可以直接点播外国电影、卫视英语节目和英语教学参考片等，可以在网络资源中接触大量真实的材料，这就为学生提供了获取英语信息和练习实践的机会。英语教师应对国际互联网的英文资料有较深的了解，可以根据自己的经验和教学需要向学生推荐适合学生水平的英语网站，同时也要指导学生如何认知和理解外域文化，建立起开放合理的认知、理解外域文化的跨文化心态。

2. 多媒体自主学习教学模式

随着计算机和信息技术的迅猛发展，网络远程教学、多媒体课件将成为英语教学的崭新手段。多媒体技术为语言教学提供了丰富的学习环境，其逻辑性与直观性创造出与讲授内容相关的丰富的语言环境。有助于学生对语言的接受和对文化背景知识的理解。教师可根据教学需要收集一些英语国家的物品和图片，通过一些形象真实的录像资料，加强学生对国外某些传统文化和习俗的感受，了解外国的艺术、历史和风土人情。从而完成从具体形象思维到抽象思维的过渡，提高课堂教学效果。多媒体的运用，不但将声像结合起来，更重要的是提供了人机交流的便利。多媒体具有反复使用、资源优化、资源共享的特点，从而保证学生自始至终得到最好的外语资源。使学生听到本族人纯正的语音语调，对强化学生听力，适应外国人的语速语调，具有重要意义。由于多媒体网络技术环境下提供了大量形象生动的语言素材，大量的语言输入学习就交给了学生自己。课堂上，学生可以通过讨论发现并思考问题，创造性的发表自己的看法；课下，教师可以在校园网上建立有关英语学习的网页，为学生提供英语新闻，英语论坛等栏目，学生可以根据自己的语言水平、兴趣和学习风格选择学习内容，决定学习进度。这种自主的学习方式不仅体现了个性化的教学原则，且充分发挥了学生的主观能动性，是符合外语习得的基本规律的。

大学英语教学应用多媒体课件的物质条件已经基本具备。全国大多数学院已将大部分合堂教室进行了装修，有计划地充实电教设备，建立多媒体教学平台，建立校园网，上互联网。同时加强培训，使教师不断提高运用电教技术的能力。

3. 多媒体协作学习教学模式

多媒体协作学习指的是一种通过小组或团队的形式组织学生进行学习的方式

和模式。这种教学模式的核心是任务教学法。任务教学法是继交际教学法之后，近十几年在外语教学方面出现的一种崭新的教学法。其理论根据实际上是建构主义。强调学习的积极主动性、目标指引性、任务真实性、不断反思性和互动合作性。它具有以下的特点。

(1) 强调通过交流来学会用目的语交际；

(2) 将真实的材料引入学习环境。

(3) 学习者不仅注重语言的学习，而且关注学习过程本身。

(4) 把学习者个人的生活经历作为课堂学习的重要资源。

(5) 试图将课堂内的语言学习和课堂外的语言活动结合起来。

中国式的任务教学法必须以多媒体网络技术为依托，以教材课文的语言和内容为蓝本来实施。这种主题任务教学法，就是围绕教材单元中的一个主题——如某一跨文化教育的课题设计任务，在教师指导下，让学生走出教室，利用网络查资料、读文献、做调查、写报告，再回到教室陈述、讨论。这种活动把听说读写有机地结合起来，使学生学到的语言知识得到了应用，并在应用中盘活了正在学习的语言知识，真正做到了交际活动和语言学习相结合。这种教学模式特别有助于学生跨文化研究和交际能力的提高。

总之，教师要了解教学法和教学手段的选择目的就是建立轻松和谐的课堂气氛，帮助学生提高英语学习的效果，在充分利用现代信息技术的同时，要合理继承传统教学模式中的优秀部分，发挥传统课堂教学的优势，最终达到跨文化交际的目的。

综上所述，一个优秀的外语学习者，不仅是一个语言工具的使用者，还应该是另一种文化的接受者。大学英语教学中培养学生的文化意识也是一个很复杂的问题，其培养方法也应该是多角度的，多层次的。教师只有根据教材、学生、环境等多方面因素，加强大学英语教学中的跨文化意识的培养，才能促进学生更好的学习目的语，培养出具有创新理念和全面发展能力的21世纪新型人才，真正实现大学英语教学的目标。

参 考 文 献

[1]应云天．外语教学法[M]．北京：高等教育出版社，2016.

[2]丁芸．英语语言文学研究新论丛[M]．杭州：浙江大学出版社，2014.

[3]王守仁．英语语言文学与文化研究[M]．南京：南京大学出版社，2011.

[4]葛炳芳．外语教师的专业成长：阅读教研与行动改进[M]．杭州：浙江大学出版社，2011.

[5]兰萍．英汉文化互译教程[M]．北京：中国人民大学出版社，2010.

[6]张全．全球化语境下的跨文化翻译研究[M]．昆明：云南大学出版社，2010.

[7]周立人．英语语言文学论[M]．北京：立信会计出版社，2011.

[8]成昭伟，周丽红．英语语言文化导论[M]．北京：国防工业出版社，2011.

[9]成昭伟，张思永．望文生“译”：英汉翻译中的“假朋友”[M]．北京：国防工业出版社，2010.

[10]王燕．跨文化商务交际[M]．武汉：武汉理工大学出版社，2011.

[11]吴为善，严慧仙．跨文化交际概论[M]．北京：商务印书馆，2009.

[12]严明．跨文化交际理论研究[M]．哈尔滨：黑龙江大学出版社，2009.

[13]毕继万．跨文化交际与第二语言教学[M]．北京：北京语言大学出版社，2009.

[14]高华丽．翻译教学研究：理论与实践[M]．杭州：浙江大学出版社，2008.

[15]白靖宇．文化与翻译[M]．北京：中国社会科学出版社，2010.

[16]王春梅．简明英汉翻译实用教程[M]．郑州：黄河水利出版社，2008.

[17]成昭伟，周丽红．译可译，非常译[M]．北京：国防工业出版社，2009.

[18]高一虹．语言文化差异的认识与超越[M]．北京：外语教学与研究出版社，2000.

[19]辜正坤．互构语言文化学原理[M]．北京：清华大学出版社，2004.

[20]庄智象，等．现代外语教学：理论、实践与方法[M]．上海：上海外语教育出版社，2009．

[21]王蔷．英语教学法教程[M]．北京：高等教育出版社，2000．

[22]田式国．英语教学理论与实践[M]．北京：高等教育出版社，2001．

[23]闫文培．全球化语境下的中西文化及语言对比[M]．北京：科学出版社，2007．

[24]王宁．翻译研究的文化转向[M]．北京：清华大学出版社，2009．

[25]陈俊森，樊威藏，钟华．跨文化交际与外语教育[M]．武汉：华中科技大学出版社，2006．

[26]包惠南，包昂．中国文化与汉英翻译[M]．北京：外文出版社，2004．

[27]陈宏薇，李亚丹．新编汉英翻译教程[M]．上海：上海外语教育出版社，2004．

[28]金惠康．跨文化交际翻译续编[M]．北京：中国对外翻译出版公司，2004．

[29]陈琳等．英语课程标准解读[M]．北京：北京师范大学出版社，2002．

[30]刘辰诞．教学篇章语言学[M]．上海：上海外语教育出版社，2009．

[31]邹琼．大学英语教学论[M]．长沙：湖南师范大学出版社，2006．

[32]夏纪梅．现代外语课程设计理论与实践[M]．上海：上海外语教育出版社，2003．

[33]沈银珍．多元文化与当代英语教学[M]．杭州：浙江大学出版社，2005．

[34]何炳成．容易误译的英语[M]．北京：外语教学与研究出版社，2002．

[35]胡壮鲜．功能主义纵横谈[M]．北京：外语教学与研究出版社，2000．

[36]包惠南．文化语境与语言翻译[M]．北京：中国对外翻译出版公司，2001．